基礎情報科学

王 森岭・甲斐 博・高橋 寛・二宮 崇 [共著]

学術図書出版社

目　　次

第 1 回　基礎情報数学 1

第 2 回　ネットワークの基礎 15

第 3 回　コンピュータハードウエアの基礎 16

第 4 回　統計解析の基礎（1）── 基本統計量 38

第 5 回　統計解析の基礎（2）── 相関分析 55

第 6 回　統計解析の基礎（3）── 推定・検定 75

第 7 回　人工知能の基礎（1）── 人工知能概論 97

第 8 回　人工知能の基礎（2）── 機械学習 115

第1回

基礎情報数学

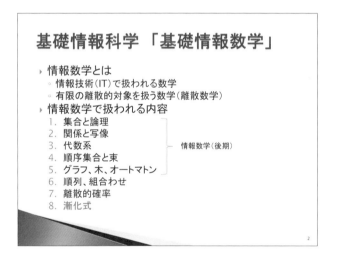

　この講義資料では，1年生第一クオータの講義「基礎情報科学」の1コマ分の内容である「情報数学」について説明していきます．
　情報数学とは，IT・情報技術の基礎理論の一つで，離散的対象を扱う数学のことです．情報数学で扱う内容は，このスライドにあげた1～8のような項目が含まれます．最初の1～5の「集合と論理」から「グラフ」に関する内容については，後期の講義である「情報数学」で扱っていきます．

今回は，中学や高校でも習ったことがある 8 の「漸化式」の概念と情報科学やプログラミングなどとの関係について説明していきたいと思います．

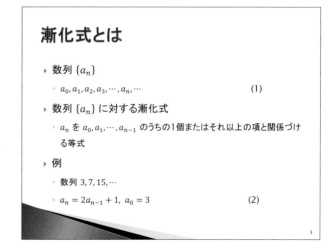

このスライドでは，漸化式について復習します．

2 行目の数式 (1) のような数列 a_n を考えます．数列 a_n に対する漸化式とは，a_n を a_0 から a_{n-1} のうちの 1 個またはそれ以上の項と関係づける等式のことを言います．

例えば，$a_0 = 3$, $a_1 = 7$, $a_2 = 15$ といった数列を考えたとき，最後の行の (2) 式はこの数列に対する漸化式になります．

漸化式については中学や高校で習ってきたものだとは思いますが，これ以降のスライドでは漸化式の解き方や漸化式で表現できる問題，漸化式を用いたプログラムの評価について説明していきたいと思います．

例1 漸化式の計算

▸ **例題**
  ◦ $a_0 = 3$ とする。$n = 1,2,3,\cdots$ について、以下の漸化式が成り立つとする。
    ▪ $a_n = 2a_{n-1} + 1$ (1)
  ◦ このとき a_1 と a_2 はいくつか？
▸ **解答**
  ◦ $a_1 = 2a_0 + 1 = 7$
  ◦ $a_2 = 2a_1 + 1 = 15$

例2 漸化式の計算

▸ $a_0 = 3, a_1 = 5$ とする。$n = 2,3,\cdots$ について、以下の漸化式が成り立つとする。
  ◦ $a_n = a_{n-1} - a_{n-2}$ (1)
▸ このとき a_2, a_3 はいくつか？
▸ **解答**
  ◦ $a_2 = a_1 - a_0 = 5 - 3 = 2$
  ◦ $a_3 = a_2 - a_1 = 2 - 5 = -3$

このスライドでは，漸化式に関する例題を考えます．

$a_0 = 3$ としたとき，(1) 式のような漸化式を考えます．この問題は，(1) 式から，a_1 と a_2 の値を求める問題です．(1) 式では，一つ前の a_{n-1} を使って計算されることに，注意してください．

漸化式で得られる数列の値は，a_1, a_2, a_3 のように，小さな項から順に計算を行います．$a_0 = 3$ の値を (1) 式の右辺に代入し，$a_1 = 7$ が求まります．$a_1 = 7$ の値を (1) 式の右辺に代入し，$a_2 = 15$ が求まります．

次のスライドでは，複数の a により，漸化式が定義される例題を考えます．

別の例として，2 つの a で漸化式が定義される場合を考えます．

(1) 式では，a_n が，a_{n-1} と a_{n-2} で定義されます．前のスライドの例と同じですが，漸化式から得られる数列の値は，a_2, a_3, a_4 の順に，小さな項から順に計算していきます．

この例の場合，初期値 $a_0 = 3$，$a_1 = 5$ と定義されているので，解答に書いてあるように，a_2, a_3 を順に求めていくことができます．

漸化式の解

- 漸化式で与えられた a_n を、$a_0, \cdots, a_{n-1}$ に依存しない関数で表現することができる。
  - このような関数を「閉じた式」とか「漸化式の解」という。
  - 閉じた式がわかっていれば、漸化式で得られる値を初期値から連続して計算する必要はない。
- 例
  - 漸化式 $a_0 = 3, a_n = 2a_{n-1} + 1$
    - $a_1 = 7, a_2 = 15, a_3 = 31, \cdots, a_7 = 511, a_8 = 1023$
  - 漸化式の解 $a_n = 2^{n+2} - 1$
    - $a_8 = 2^{10} - 1 = 1024 - 1 = 1023$

プログラムと漸化式の関係

- プログラムの実行回数を漸化式で表現することがある。
  - プログラムの実行時間を漸化式の解で表現できれば、プログラムの良さを「定量的に」評価や比較ができる。
- 例
  - 数列の並び替え問題
    - 入力「4, 7, 6, 3, 9, 2」 → 出力「2, 3, 4, 6, 7, 9」
  - バブルソートアルゴリズムの計算回数 b_n (n は数列の長さ)
    - 漸化式 $b_1 = 0, b_n = b_{n-1} + n - 1 \, (n \geq 2)$

漸化式で定義された a_n を，$a_0 \sim a_{n-1}$ に依存しない関数で書ける場合があります．そのような関数のことを「閉じた式」や「漸化式の解」というふうに呼びます．

漸化式が与えられれば，初期値から計算を始めて，任意の a_n を計算できます．一方で，閉じた式が分かっていれば，n の値を指定すれば，任意の a_n を計算できます．

例えば，このスライドの下の例で，a_8 を求めたい場合を考えます．漸化式を使うと，a_1, a_2, a_3 と順に計算を行い，a_8 を計算します．この漸化式の解はその下のような式になりますが，漸化式の解を使うと，$n = 8$ を代入し，直接 a_8 を計算できます．

コンピュータサイエンスの学問分野では，プログラムで必要な実行回数を測るために，漸化式を用いることがあります．プログラムの実行にどのくらい時間がかかるかを漸化式で表現することで，プログラムの良さを「定量的に」評価をすることができます．

例えば数列の並び替えの問題を考えます．左（入力）のようにばらばらに並んだ数列を，右（出力）のように小さい順に並び替える問題です．

コンピュータはこの問題を解くために，数の比較の計算をたくさん行います．例えばバブルソートと呼ばれる方法では，比較の計算回数を b_n とすると，一番下の行の漸化式でバブルソートの計算回数 b_n を表現できることが知られています．

ここで n は数列の長さです．下から 3 行目の例だと 6 個の数値を持つ数列を並び替えているので，$n = 6$ になります．この時の計算回数は b_6 で計算できます．b_6 は 15 になると思うので，並び替えを行うのに 15 回の計算が必要になるということです．

次のスライドで，漸化式の解の一般的な求め方について説明します．

第1回　基礎情報数学　5

漸化式の解の見つけ方

- ステップ1：　小さい n について値を求める。
  - $a_1, a_2, a_3, \cdots$ の値を求める。
- ステップ2：　漸化式の解を推測する。
  - ステップ1で求めた値を満足する a_n を推測する。
- ステップ3：　漸化式の解が解であることを証明する。
  - 数学的帰納法などを用いる。

例3　漸化式の解

- 問題
  - 初期値 $a_0 = 0, a_1 = 5$
  - 漸化式 $a_n = 2a_{n-1} - a_{n-2}$ の解を示せ。
- 解答
  - ステップ1：　a_2, a_3, a_4 などの計算
    - $a_2 = 10, a_3 = 15, a_4 = 20, a_5 = 25, a_6 = 30, \cdots$
  - ステップ2：　解の推測
    - ステップ1の結果から、漸化式の解は $a_n = 5n$ と推測できる。

　漸化式の解を求める方法としては，次の3つのステップがあります．

　まず初めに，ステップ1で，小さい n について漸化式で得られる値を求めます．最初の a_1, a_2, a_3 などを求めます．

　次に，ステップ2で，漸化式の解を推測します．ステップ1で最初のいくつかの漸化式で得られる値を求めましたが，それらを使って，漸化式の解となる数式を推測します．

　最後に，ステップ3で，ステップ2で推測した数式が，実際に漸化式の解になっているかを，証明します．証明には数学的帰納法などを用います．

　漸化式の解を求め方について，例題を示します．

　このスライドの問題では，初期値が2つ与えられて，a_{n-1}, a_{n-2} で漸化式 a_n が表現されています．

　まず，ステップ1で最初の幾つかの数列の要素の値を計算します．計算してみた結果，数列に規則性がみられることから，$a_n = 5n$ と漸化式の解が推測できます．

例3（続き）　漸化式の解

▶ 解答（続き）

◦ ステップ3：　数学的帰納法による証明

・ 推測した解 $a_n = 5n$ が $n = 0$ と $n = 1$ のとき正しいことを示す。すなわち、$n = 0$ を代入すると $a_0 = 0$ で、$n = 1$ を代入すると $a_1 = 5$ なので初期値と一致する。従って、推測した解が正しいことがわかる。

・ $n = k, n = k - 1$ の時、漸化式の解 $a_n = 5n$ が正しいと仮定する。つまり、$a_k = 5k, a_{k-1} = 5(k - 1)$ が成り立つと仮定する。

この時、a_{k+1} はこの仮定と漸化式から

$a_{k+1} = 2 \times a_k - a_{k-1} = 2 \times 5k - 5(k - 1) = 5k + 5 = 5(k + 1)$

となる。この結果から、$n = k + 1$ の時も $a_n = 5n$ は正しい。

・ 以上から、漸化式の解が $a_n = 5n$ と表せることが証明された。

10

例4　漸化式の解

▶ 問題（バブルソートの計算回数）

◦ $b_1 = 0$

◦ $b_n = b_{n-1} + n - 1 \ (n \geq 2)$

▶ 解答

◦ ステップ1

・ $b_2 = 1, b_3 = 3, b_4 = 6, b_5 = 10, b_6 = 15$

◦ ステップ2

・ ステップ1の計算過程から漸化式の解を以下のように求めることができる。

$b_n = 1 + 2 + \cdots + (n - 1) = n(n - 1)/2$

11

　このスライドでは，前のスライドで求めた，漸化式の解が正しいかどうかを，数学的帰納法で証明します．

　まず漸化式の解が，初期値が与えられる $n = 0$ と $n = 1$ のとき正しいことを示します．漸化式の解に対し値を代入すると，初期値と同じ値が得られるので，漸化式の解が正しいことが示せます．

　次に，$n = k, n = k - 1$ の時，漸化式の解が正しいことを仮定して，$n = k + 1$ の場合も成り立つことを証明します．漸化式に対し，仮定した数式を代入すると，$n = k + 1$ が得られ，漸化式の解が正しいことが示せます．

　以上のことから，漸化式の解が正しいことが証明できました．

　このスライドでは，また別の例題で，漸化式の解を求めてみます．

　この問題の漸化式はバブルソートの計算回数を表すもので，この資料の7ページに示している漸化式と同じものです．漸化式の解を求め，バブルソートの計算回数を直接計算できる式を求めます．

　まず，ステップ1で，最初の幾つかの数列の要素を計算します．次に，ステップ2で，漸化式の解を推測しますが，漸化式では，一つ前の結果に対して $n - 1$ を加える計算を行います．この計算過程から，漸化式の解は，このページの一番下の式になると考えられます．

例4（続き） 漸化式の解

▸ 解答（続き）
◦ ステップ3
・ 推測した解 $b_n = n(n-1)/2$ は、$n = 1$ のとき $b_1 = 0$ になるので、初期値と一致する。従って、推測した解が正しいことがわかる。
・ $n = k$ のとき $b_k = k(k-1)/2$ が正しいと仮定する。この仮定のもとで $n = k+1$ のときも推測した解の形になることを検証する。
漸化式から、$b_{k+1} = b_k + (k+1) - 1$ が成り立つ。仮定した式を使うと次のようになる。

$$b_{k+1} = b_k + (k+1) - 1 = \frac{k(k-1)}{2} + k = \frac{(k+1)k}{2}$$

この結果から、$n = k+1$ のときも $b_n = n(n-1)/2$ は正しい。
・ 以上から、漸化式の解が $b_n = n(n-1)/2$ と表せることが証明された。

バブルソートとは（1）

▸ 数列の並び替え問題（ソーティング）
◦ 入力：「4, 7, 6, 3, 9, 2」→ 出力：「2, 3, 4, 6, 7, 9」

▸ 並び替えの手順
◦ 数列の要素の1番目と2番目を比較し、順番が逆であれば入れ替える。次に2番目と3番目を比較し、入れ替える。これを最後まで行うと、一番最後の数が数列の要素の<u>最大の数</u>になる。
◦ 最大の数が確定した最後の要素を除いて、1つ要素を減らした残りの数列に対して同じことを行う。

　漸化式の解が正しいかどうかを，数学的帰納法で証明します．

　まず漸化式の解が，初期値が与えられる $n = 1$ のとき正しいことを示します．漸化式の解に対し値を代入すると，初期値と同じ値が得られるので，漸化式の解が正しいことが示せます．

　次に，$n = k$ の時，漸化式の解が正しいことを仮定して，$n = k + 1$ の場合も成り立つことを証明します．漸化式に対し，仮定した数式を代入すると，b_{k+1} が得られ，漸化式の解が正しいことが示せます．

　以上のことから，漸化式の解が証明できました．

　ここで，例題として使っている「バブルソート」について，少し説明します．

　数列の並び替えの問題を解く1つの方法として，この資料の7ページで，バブルソートを紹介しました．何かを順番に並べるという作業は，データベースや検索エンジンなどの情報システムでたくさん用いられます．

　7ページの例では，入力として6つの要素を持つ数列を，小さい順に並べて出力する例を示しました．この例題について，並び替えの手順を見てもらい，7ページで示した漸化式が得られることを理解したいと思います．

　一般に，バブルソートの並び替えの計算手順では，このスライドに書いているように，数列の要素を2つ毎に比較していきます．まず，1番目と2番目の要素を比較し，大きさの順番が逆であれば入れ替えることを行います．次に，2番目と3番目の要素を比較し，同じように，大きさの順番が逆であれば入れ替えることを行います．これを最後まで行います．そうすると，一番最後の数が，数列の要素の中で「最大の数」になります．

　数列の n 番目の数が最大の数と決定したので，それを除いて，残りの $n-1$ 個の要素を持つ順番が未確定の数列に対して同じことを行います．これを繰り返します．次のスライドでは，この手順について，例題を使って説明します．

バブルソートとは（2）

- 入力の数列
  - 4, 7, 6, 3, 9, 2
- 1番目の4と、2番目の7を比較して、入れ替える（すでに順に並んでるので、比較するだけで、入れ替えない）。
  - 4, 7, 6, 3, 9, 2
- 2番目の7と、3番目の6を比較して、入れ替える。
  - 4, 7, 6, 3, 9, 2 → 4, 6, 7, 3, 9, 2
- 3番目の7と、4番目の3を比較して、入れ替える。
  - 4, 6, 7, 3, 9, 2 → 4, 6, 3, 7, 9, 2
- 4番目の7と、5番目の9を比較して、入れ替える（すでに順に並んでるので、比較するだけで、入れ替えない）。
  - 4, 6, 3, 7, 9, 2
- 5番目の9と、6番目の2を比較して、入れ替える。（最後の9が最大の数だとわかる）
  - 4, 6, 3, 7, 9, 2 → 4, 6, 3, 7, 2, 9
- ここまでで、比較回数は5回である。最後の要素を除いて 4, 6, 3, 7, 2 の数列に対して同じ処理を行う。

14

バブルソートとは（3）

- 1番目の4と、2番目の6を比較して、入れ替える（すでに順に並んでるので、比較するだけで、入れ替えない）。
  - 4, 6, 3, 7, 2, 9
- 2番目の6と、3番目の3を比較して、入れ替える。
  - 4, 6, 3, 7, 2, 9 → 4, 3, 6, 7, 2, 9
- 3番目の6と、4番目の7を比較して、入れ替える（すでに順に並んでるので、比較するだけで、入れ替えない）。
  - 4, 3, 6, 7, 2, 9
- 4番目の7と、5番目の2を比較して、入れ替える。（最後の7が最大の数だとわかる）
  - 4, 3, 6, 7, 2, 9 → 4, 3, 6, 2, 7, 9
- 今回の比較回数は4回である。最後の7, 9 が確定し、順番が確定してない数列 4, 3, 6, 2 に対して同じ処理を行う。

15

入力の数列は，2行目のように6つの要素を持つ数列です．

一つ前のスライドで説明したように，前から2つ毎に数を比較していきます．その結果9が最大の数であることが分かります．

このスライドでは，2つの数の比較は5回行っていることに注意してください．

次に，順番が未確定の5つの要素を持つ数列に対して，同じ処理を行います．次のスライドを見てください．

同様に，前から2つ毎に数を比較していきます．そうすると順番が未確定の数列のうち，7が最大の数だとわかります．これで最後の7，9の順番が確定します．

5つの要素を持つ順番が未確定の数列から最大の数を見つける処理において，2つの数を比較する回数は4回になることに注意してください．

続いて，順番が確定していない4つの要素を持つ数列に対して，同じ処理を行います．次のスライドを見てください．

バブルソートとは（4）

- 1番目の4と、2番目の3を比較し、入れ替える。
  - 4, 3, 6, 2, 7, 9 → 3, 4, 6, 2, 7, 9
- 2番目の4と、3番目の6を比較し、入れ替える（すでに順に並んでるので、比較するだけで、入れ替えない）。
  - 3, 4, 6, 2, 7, 9
- 3番目の6と、4番目の2を比較し、入れ替える。（最後の6が最大の数だとわかる）
  - 3, 4, 6, 2, 7, 9 → 3, 4, 2, 6, 7, 9
- 今回の比較回数は3回である。最後の6, 7, 9の順番が確定し、順番が確定してない数列 3, 4, 2 に対して同じ処理を行う。

バブルソートとは（5）

- 1番目の3と、2番目の4を比較し、入れ替える（すでに順に並んでるので、比較するだけで、入れ替えない）。
  - 3, 4, 2, 6, 7, 9
- 2番目の4と、3番目の2を比較し、入れ替える。（最後の4が最大の数だとわかる）
  - 3, 4, 2, 6, 7, 9 → 3, 2, 4, 6, 7, 9
- 今回の比較回数は2回である。最後の4, 6, 7, 9の順番が確定し、順番が確定してない数列 3, 2 に対して同じ処理を行う。
- 1番目の3と、2番目の2を比較し、入れ替える。（最後の3が最大の数だとわかる）
  - 3, 2, 4, 6, 7, 9 → 2, 3, 4, 6, 7, 9
- 今回の比較回数は1回である。最後の3が最大の値になる。
- 以上で、小さい順に並んだ数列 2, 3, 4, 6, 7, 9 が得られた。

　4つの要素を持つ数列に対して，最大値を求めます．その結果6が最大値になります．

　ここでは数の比較の回数は3回になることに注意してください．

　次のスライドで，順番が確定していない3つの要素をもつ数列について見ていきます．

　残りの比較回数は，このスライドに説明しているように，2回と1回が必要になります．

　その結果，小さい順に並んだ数列を得ることができました．

　比較回数について次のスライドで考察します．

コースや応用情報工学コースの講義で扱っているので，そちらを履修してもらえばと思います．

比較回数の漸化式の導出

▸ 考察
  ▪ 数列の長さが6の場合
    ・ $5+4+3+2+1$ の数列の要素の比較回数が必要
  ▪ では、数列の長さが7だったら？
    ・ $6+5+4+3+2+1$ の数列の要素の比較回数が必要

▸ 比較回数
  ▪ 数列の長さが n の場合、ソーティングに必要な比較回数を b_n で表現する。
  ▪ 上の考察から、数列の長さが 1 増えると比較回数が $n-1$ 回 増える。
  ▪ 従って、漸化式 $b_n = b_{n-1} + (n-1)$ が得られる。数列の長さが 1 の場合は比較回数が 0 回なので、初期値として $b_1 = 0$ が得られる。

　今回の例のように，数列の長さが 6 の場合，比較回数は $5+4+3+2+1$ の回数が必要になりました．では，数列の長さが 7 だったら，比較回数はこれに加えて 6 が加わると思います．

　数列の長さが n の場合，ソーティングに必要な比較回数を b_n で表すとすると，この考察から，数列の長さが 1 増えると比較回数が $n-1$ 回増えるわけなので，このスライドの下のほうに書いてある漸化式が得られます．

　この漸化式を解けば，11 ページに書いてあるように，$b_n = \dfrac{n(n-1)}{2}$ が漸化式の解として得られます．n^2 の項があることから，バブルソートでは，数列の長さが n から $2n$ に 2 倍になると，計算回数は 4 倍近くなることが分かります．漸化式の解に基づくと，例えば配列の長さが 10 のときは計算回数は 45 回ですが，配列の長さが 20 になると計算回数は 190 回になります．

　データベースや検索エンジンでの並び替えなどで利用できるように，どんなに配列が大きくなっても，ある一定の時間で計算してほしいのであれば，もっと効率的なやり方を検討する必要がありそうです．従って，バブルソートよりも効率的なアルゴリズムがいろいろ考案されています．並び替えの問題だけでなく，様々な問題に対するアルゴリズムについて勉強したい場合は，コンピュータ科学

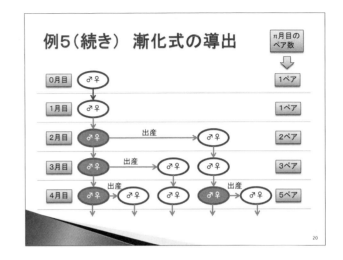

漸化式で表現できる問題を，いくつか紹介します．

この問題は，ウサギのペアに関する問題で，状況として，

- 0歳のウサギのペア（雄1匹，雌1匹）がいる．
- 生まれて2カ月たつと，毎月ペアの子供を産む．

を設定します．このとき n カ月後のペアの数を求めよという問題です．

但し，条件として，問題を簡単にするために，

- ペアはずっとペアである．
- 生まれてきた雄と雌の子供たちもまたペアになる．

という仮定を置きます．（また，問題を考える間は，ウサギはどこかにいなくなることは無いと考えてください．）

次のスライドで最初の数カ月の様子を説明します．

0月目は，最初のペアだけがいます．従ってペアの数は1です．1カ月たっても，子供を産まないので，1月目も，ペアの数は1のままです．2月目は，最初のペアが，子供をペアで産みます．従って，ペアの数は2になります．3月目は，最初のペアがまたペアを産みます．従って，ペアの数は3です．4月目は，2月目に生まれたペアが子供を産み始めるので，ペアの数は5になります．

3月目のペアの数に注目すると，ペアは消えてなくならないので，2月目のペアの数から単純に増えていくということに注意してください．どのくらい2月目からペア数が増えるかというと，うさぎは2月目以降は毎月子供を産むので，3月目の2月前の1月目にいたペアの数分だけ増えます．

同様に，4月目のペアの数に注目すると，3月目のペアの数と2月目のペアの数を合計したものになっていることに注意してください．

次のスライドで漸化式でこの問題を表現します．

例5（続き） 漸化式の導出

‣ 解答
- n 月目のペアの数は、次の2つの数の和になる。
  - $n-1$ 月目のペアの数
  - $n-2$ 月目に存在するペアが出産するペアの数
- つまり f_n を n 月目のペアの数とすると、漸化式は以下のようになる。
  $$f_n = f_{n-1} + f_{n-2} \quad (n \geq 2) \qquad (1)$$
- ここで、初期値は $f_0 = 1, f_1 = 1$ である。

‣ この漸化式により得られる数列
  $$1, 1, 2, 3, 5, 8, \cdots$$
  はフィボナッチ数列と呼ばれるものと同じになる。

‣ 参考
- (1)式の漸化式の解は、黄金比 $\phi = (1+\sqrt{5})/2$ として、$\hat{\phi} = (1-\sqrt{5})/2$ とすると、$f_n = (\phi^{n+1} - \hat{\phi}^{n+1})/\sqrt{5}$ と書ける。

例6 漸化式の導出

‣ 問題
- 連続して0が2度以上現れない n ビット列は何個あるか？

‣ 考え方
- n ビット列が 1 で終わる場合 → $n-1$ ビット目は 0 でも 1 でも良い。

  | 連続して0が現れないn−1ビット列 | 1 |

  nビット

- n ビット列が 0 で終わる場合 → $n-1$ ビット目は 1 でないといけない（0ならば 0 が2度現れるので）。$n-2$ ビット目は0でも1でも良い。

  | 連続して0が現れないn−2ビット列 | 1 | 0 |

  nビット

  このスライドの説明（音声）→ 🔊

前のページのスライドで説明したように，n 月目のペアの数は，$n-1$ 月目のペアの数と，$n-2$ 月目に存在するペアが出産するペアの数の合計になります．従って，漸化式はこのスライドの (1) 式のようになります．

最初のいくつかの数列の要素を計算すると，1, 1, 2, 3, 5 という数列が得られますが，これはフィボナッチ数列と呼ばれる有名な数列になっています．

閉じた式を最初のいくつかの数列の要素から推測することは難しいと思いますが，参考のため，漸化式の解をこのスライドの下に書きます．漸化式の解を求めるための方法はいくつかありますが，例えば，数列の母関数を使って計算する方法があります．母関数の説明はこの講義では行いませんが，興味ある人は，「コンピュータの数学」という本を図書館で読んでみてください．

2 進数に関する問題に対して，その問題を表現する漸化式の導出をしてみたいと思います．

2 進数とは，各桁が 0 か 1 で表現される数です．数が n 桁ある場合，その 2 進数のことを「n ビット列」と呼びます．

例えば，1 ビット列は 1 桁の 2 進数なので，0 または 1 です．2 ビット列は 2 桁の 2 進数なので，00, 01, 10, 11 の 4 つのパターンがあります．3 ビット列では，000, 001, 010, 011, 100, 101, 110, 111 の 8 つのパターンがあります．

ここでの問題は，連続して 0 が 2 度現れない n ビット列は何個あるか？ という問題です．

例えば，1 ビット列の場合は，1 桁しかないので（そもそも 0 が 2 度現れることがない），2 個になります．2 ビット列の場合は，00 を除いてこの条件を満たすので，01, 10, 11 の 3 個になります．3 ビット列の場合は，010, 011, 101, 110, 111 の 5 個です．

考え方として，最後の n ビット目が 1 か 0 かの場合分けを考えます．最後が 1 で終わる場合は，残りの $n-1$ ビットについて，連続して 0 が現れない $n-1$ ビット列の個数を考えます．最後が 0 で終わる場合は，その前のビットが 0 だと，連続して 0 が出てしまうので 0 は選んではダメで，その前のビットは 1 しか

考えられません．その前の $n-2$ ビットについて，連続して 0 が現れない $n-2$ ビット列の個数を考えます．

例6（続き） 漸化式の導出

▸ 解答

- 連続して0が2度以上現れない n ビット列の個数を a_n とする。
- 初期条件 $a_1 = 2,\ a_2 = 3$
- 漸化式 $a_n = a_{n-1} + a_{n-2}\ (n \geq 3)$　　　　(1)
- つまり a_n により得られる数列は、

$$2, 3, 5, 8, \cdots$$

であり、この例の場合も漸化式により得られる数列がフィボナッチ数列と同じになる。

　連続して 0 が 2 度以上現れない n ビット列の個数を a_n とします．初期条件として，1 ビット列の場合，0 と 1 しかないので 2 通りあり，$a_1 = 2$ と書けます．また，2 ビット列の場合，$01,\ 10,\ 11$ の 3 通りあるので，$a_2 = 3$ と書けます．

　漸化式については，1 つ前のページのスライドの説明から，連続して 0 が現れない n ビット列の個数は，連続して 0 が現れない $n-1$ ビット列の個数と，連続して 0 が現れない $n-2$ ビット列の個数の合計になるので，このスライドの (1) 式になります．

　この問題の漸化式により得られる数列もフィボナッチ数列と同じものになります．

まとめ

- 基礎情報数学
  - 漸化式とは
  - 漸化式の計算
  - 閉じた式、漸化式の解
  - プログラムの計算回数と漸化式の関係
  - 漸化式による問題の表現
- 後に続く授業
  - アルゴリズムとデータ構造
    （コンピュータ科学コース、応用情報工学コースで開講）
  - 情報数学（1年後期、共通）

　本講義では，情報数学の一つのトピックとして，漸化式について述べました．漸化式の計算や閉じた式の導出の方法について述べ，バブルソートを例としてプログラムの計算回数と漸化式の関係を説明しました．

　プログラムを作るためのアルゴリズムについて興味ある人は，コンピュータ科学コースや応用情報工学コースで 2 年生以上で開講されるアルゴリズムとデータ構造を履修してみてください．

　また，コンピュータと数学に興味あるひとは，後期の情報数学を履修してもらえればと思います．

第 2 回

ネットワークの基礎

第 2 回の教材については，講義内で案内します．

第 3 回

コンピュータハードウエアの基礎

基礎情報科学
コンピュータハードウエアの基礎

大学院理工学研究科
電子情報工学専攻
高橋　寛
王　森レイ

講義内容

- コンピュータに関する現状の把握

- 「0」と「1」で情報を表す

- 「0」と「1」で計算する

- 「0」と「1」で判断する

　今回は，講義内容としてコンピュータのハードウェアに関しての基礎を学びます．まず，コンピュータに関する現状を説明し，皆さんにコンピュータが暮らしの中に，浸透していることを感じてもらいます．つぎに，コンピュータに中で扱う情報をゼロとイチで構成されたディジタル情報について学びます．皆さんが感じているようにコンピュータは人間と同じように，計算や手続きに従って仕事をしてくれます．そこで，ゼロとイチで構成されたディジタル情報でどのように

「計算」するのかを説明し，その演習を行います．さらに，ゼロとイチで構成されたディジタル情報でどのように「判断」するのかを説明し，その演習を行います．

講義内容

- **コンピュータに関する現状の把握**

- 「0」と「1」で情報を表す

- 「0」と「1」で計算する

- 「0」と「1」で判断する

皆さんの身の回りの暮らしに使っているほとんどの製品にはコンピュータが入っています．コミュニケーション機器としては，電話，FAX，携帯電話，スマートフォンです．オーディオ・ビジュアル機器としては，テレビ，ビデオ，DVD，携帯音楽プレーヤーです．娯楽としては，ゲーム機器です．家電としては，エアコン，洗濯機，冷蔵庫，電子レンジです．インフラとしては，放送機器，銀行ATM，鉄道システム，自販機です．FA，自動化機器としては，防犯カメラ，産業用ロボットです．自動車関連としては，自動車自身，ナビゲーションシステムなどです．

身の回りの様々なものにコンピュータが

自動車の現状：
自動車の目指す世界
CASE：「Connected（コネクテッド）」，
「Autonomous（自動運転）」，
「Shared & Services（シェアリングとサービス）」，「Electric（電動化）」の頭文字

新型の自動車には約200個のコンピュータを搭載
ECU (Electronic Control Unit：電子制御ユニット)」が，
一般自動車でも約50個、高級車の中には200個搭載

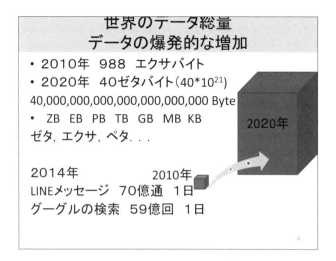

特に，自動車のコンピュータ化は急速に進んでいます．自動車の目指す世界は，ケースと呼ばれるものです．ケースとは，CASE：「Connected（コネクテッド）」，「Autonomous（自動運転）」，「Shared & Services（シェアリングとサービス）」，「Electric（電動化）」の頭文字です．この CASE を実現するために，新型の自動車には約 200 個のコンピュータを搭載しています．自動車用のコンピュータは ECU (Electronic Control Unit：電子制御ユニット) と呼ばれます．現在，ECU (Electronic Control Unit：電子制御ユニット)」が，一般自動車でも約 50 個，高級車の中には 200 個搭載されています．

ここで，コンピュータのことを理解するために，最近言われている「データの爆発」に関して考えてみましょう．調査会社の数年前の予測では，

 2010 年　988 エクサバイト

 2020 年　40 ゼタバイト $(40 \cdot 10^{21})$

    40,000,000,000,000,000,000,000 Byte

となることがありました．この数字はほぼ現在あたっています．皆さんが日々の活動を支えている，「情報を交換すること」と「情報を探すこと」にもディジタル情報がかかわっています．

    2014 年

 LINE メッセージ　　70 億通　　1 日

 グーグルの検索　　59 億回　　1 日

IoT（インターネット・オブ・シングス）
モノからデータを自動で獲得できる仕組み

講義内容

- コンピュータに関する現状の把握

- 「0」と「1」で情報を表す

- 「0」と「1」で計算する

- 「0」と「1」で判断する

　特に，最近はニュースや新聞，雑誌にもでてきているワードとして，「IoT」があります．Internet of Things：IoT とは，様々な「モノ（物）」がインターネットに接続され，情報交換することにより相互に制御する仕組みです．もう少し詳しく説明すると，人が情報を提供することや，人の動きや環境情報をカメラやセンサーなどで自動的に獲得して，それをインターネットを介して情報共有することです．たとえば，スマホで離れた場所から冷蔵庫やエアコンを操作することや，冷蔵庫が冷蔵庫の中身をカメラなどで調べて，足りないものをネットを介して注文したりすることです．工場では，製造装置の動作の情報をセンサーなどで獲得して，インターネットを介して，クラウド上に集めて，その情報から離れた工場の製造装置を操作したり，異常を検知したりする応用が進んでいます．これらをサイバー・フィジカルシステムと呼びます．経済産業省や内閣府はコネクテッドインダストリーズやソサエティー5.0 のための重要技術としています．

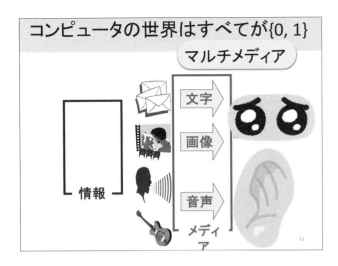

人は，相手に伝えたいこと（情報）を伝えるために，いろいろな方法を介して行います．文字を使った手紙，絵や写真などの画像，映画などの動画，声や演奏などの音声があります．これらを総合してマルチメディアと呼びます．それでは，文字，画像，音声を皆さんはスマホやコンピュータで扱いますね．なぜ，一つのデバイスで扱えるのでしょう．その理由は，コンピュータの中では，マルチメディアを0と1のカタマリのディジタル情報として扱っているからです．それでは，マルチメディアを0と1でどのように扱うかを考えてみましょう．

今日は，ディジタル情報の勉強をして，コンピュータの中で計算する方法をコンピュータが行っているとおりにやっていみます．また，コンピュータの中で論理的な判断ができる仕組みを学んでいきます．

コンピュータ内の2進表記法

コンピュータは，電気や磁気を使って，情報を記憶したり，加工します。
例えば電気は，電圧と電流で表現できます。
電圧はある値より高い電圧か低い電圧で区別できます。
電流は，流れるか，流れないかをスイッチを使って区別できます。
電圧が高いを1とし，電圧が低いを0とする。
電流が流れているを1とし，流れていないを0とする。
スイッチがONを1として，OFFを0とする。

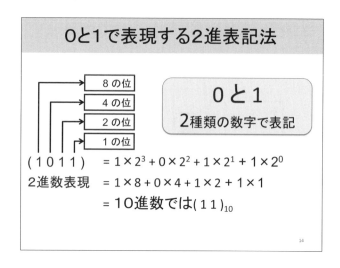

0と1で表現する2進表記法

0と1
2種類の数字で表記

(1011)　$= 1 \times 2^3 + 0 \times 2^2 + 1 \times 2^1 + 1 \times 2^0$
2進数表現　$= 1 \times 8 + 0 \times 4 + 1 \times 2 + 1 \times 1$
　　　　　　$= 10$進数では$(11)_{10}$

　コンピュータは，電気や磁気を使って，情報を記憶したり，加工します．例えば電気は，電圧と電流で表現できます．電圧はある値より高い電圧か低い電圧で区別できます．電流は，流れるか，流れないかをスイッチを使って区別できます．電圧が高いを1とし，電圧が低いを0とする．電流が流れているを1とし，流れていないを0とする．スイッチがONを1として，OFFを0とする．このように，コンピュータ内の物理的な振る舞いを0と1で表すことができます．

　私たちが使っている10進法においても，数を並べることによって位の考え方を表現しています．たとえば，123と書いてあると，それを10進法で考えると，100の位が1，10の位が2，1の位が3と考えて数の大きさを理解します．10進法では，0～9までを使いますが，二進法では0と1しか使いません．しかし，これら0と1を並べることで，そこには，1の位，2の位，4の位，8の位の2のn乗の位取りができます．例えば，1011であれば，スライドのように考えます．

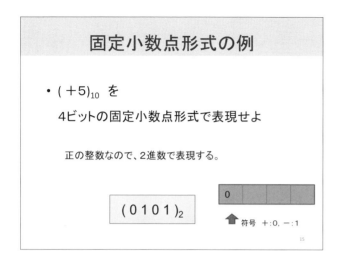
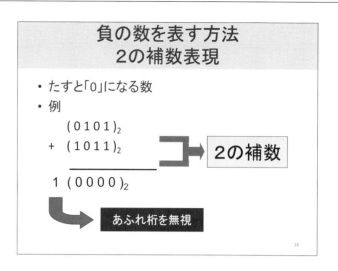

2進数で整数を表すための代表的な表現方法は，固定小数点形式です．この例では，一つの箱に0か1を入れることができます．これをビットと呼びます．この形式では，一番左のビットが正か負の符号を表します．正の場合は，0を入れます．それでは，例の0101は10進法ではいくつでしょうか？

次に固定小数点形式でのマイナスの数の表現方法を考えてみましょう．10進数において，プラスの3とマイナスの3をたすと0になりますね．このことを固定小数点形式においても保存したいので，スライドに示すように，正の固定小数点と負の固定小数点をたすと，その結果がゼロになるような負の固定小数点の形式を2の補数表現による負の数の表現と呼びます．

2の補数の求め方

手順は
反転してプラス1

$(0101)_2$ の2の補数の求め方

(1)反転 $(1010)_2$

(2)プラス1 $\underline{+\qquad 1}$

$\qquad\quad (1011)_2$

17

固定小数点形式の例

- $(-5)_{10}$ を

  4ビットの固定小数点形式で表現せよ

[解答]
負の整数なので
(1)絶対値を2進数で表現
(2)その2の補数

$(0101)_2$

$(1011)_2$

18

この2の補数表現による負の数を簡単に求めたいと思いますので，それを説明します．合言葉は，「反転してプラス1」です．具体的には，①符号付の固定小数点形式で正の数を求めます．②求めた正の数の各ビットの値を0ならば1へ，1ならば0へ反転させます．③さらに1をたす．それでは，例として (0101) の2の補数表現の負の数を求めてみよう．

これは例題です．マイナス5を符号付きの4ビットの固定小数点形式で求めてみよう．

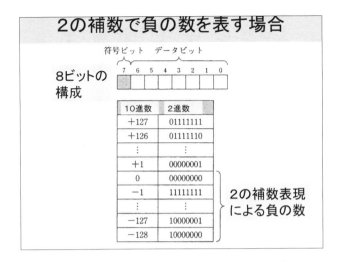

符号付の8ビットで表現することができる10進数の範囲はいくつでしょうか？

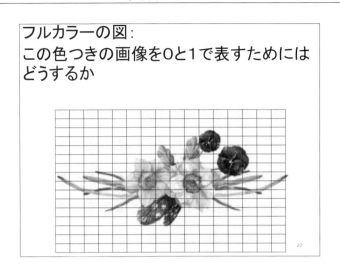

この色付きの画像を0と1で表すためにはどうすればよいでしょうか？

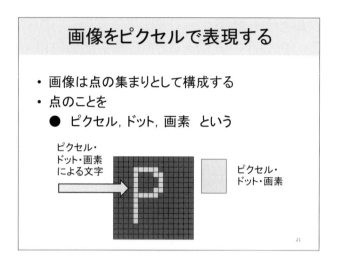 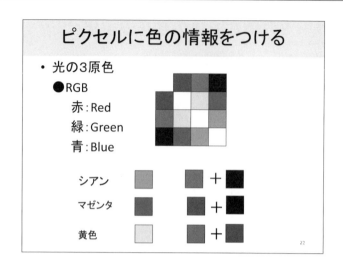

画像は，図のような点のあつまりで表現します．この点をピクセル，ドット，画素と呼びます．例えば，各ピクセルが0を表す青と1を表す黄色で塗られているとします．それを組み合わせるとスライドのように，0と1で形を表すことができます．

ピクセルに色を付けたいとします．それでは，色はどのように表現すればよいでしょうか．小学校で水彩画で色付けしたことを思い出してください．色を作るために，基本の色の絵の具を混ぜて，好みの色を作った経験がありませんか．これは光の3原色RGBの考え方で色を作っています．スライドにあるように，赤と緑を混ぜて黄色になることです．つまり，ピクセルにRGBの情報をもたせて，その配分でピクセルの色を決めることができます．

講義内容

- コンピュータに関する現状の把握
- 「0」と「1」で情報を表す
- **「0」と「1」で計算する**
- 「0」と「1」で判断する

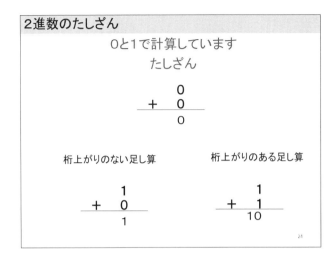

　つぎに，2進数で計算することを考えてみましょう．始めに，0と1で足し算をする方法を考えてみましょう．0と1の足し算の組み合わせは，0たす0は0，0たす1は1，1たす1はけた上がりして，10となります．2進数はこれらの組み合わせを使って足し算をします．

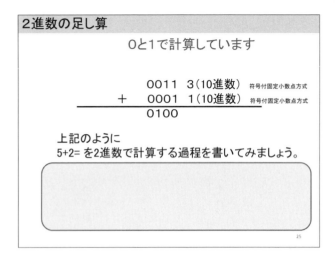
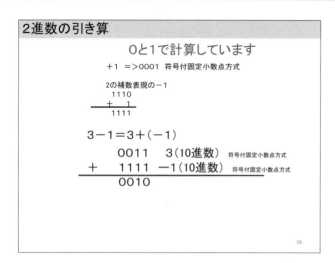

つぎの例題は，2進数で，3タス1を行う過程を示しています．自分でも試してみましょう．それでは，上記のように5＋2の計算の過程を書いてみましょう．

次の例題は2進数の引き算のです．2進数の引き算では，3から1を引くのではなくて，3にマイナス1をたすと考えます．

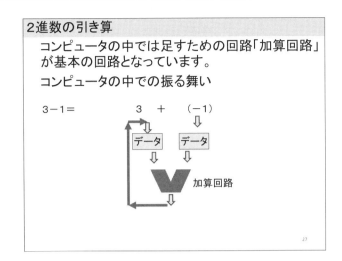

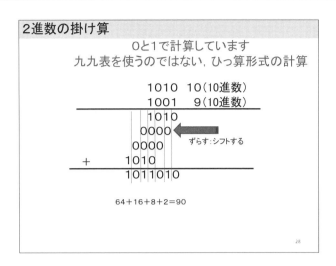

 コンピュータの中では足す回路である加算回路が基本になっています．基本のコンピュータでは，足す回路である加算回路しかもっていません．そのため，演算はタスしかできません．そのため，引き算をするためには，マイナスの数を作って，それを足すことで引き算と同じ結果を得ることができます．

 つぎの例題は掛け算です．皆さんは掛け算をどのように行います．多くの人は九九を覚えていて，それを瞬間的に思い出していますね．もし，これをコンピュータで同じようにしようと考えると，81個の記憶するものを用意して，掛け算を行と列の交差する場所を探して，その中の答えを読み出すことになります．これはコンピュータで実現すると結構大変なものになります．そこで，コンピュータではこの例題に示すようにひっ算形式で，足すという機能とけたをずらすシフトの機能を組み合わせて掛け算を行います．

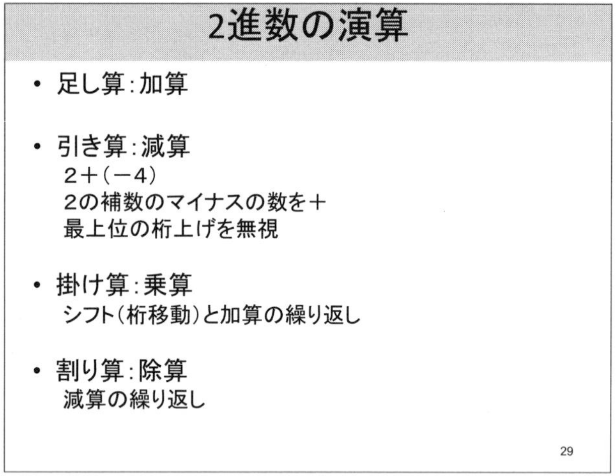

2進数の演算

- 足し算：加算

- 引き算：減算
  2＋（－4）
  2の補数のマイナスの数を＋
  最上位の桁上げを無視

- 掛け算：乗算
  シフト（桁移動）と加算の繰り返し

- 割り算：除算
  減算の繰り返し

ここでは，2進数による四則演算を学びました．2進数の割り算は，引き算をくりかすことで，何回引くことができて，あまりがいくつかを求めることで，商と余りを求めます．

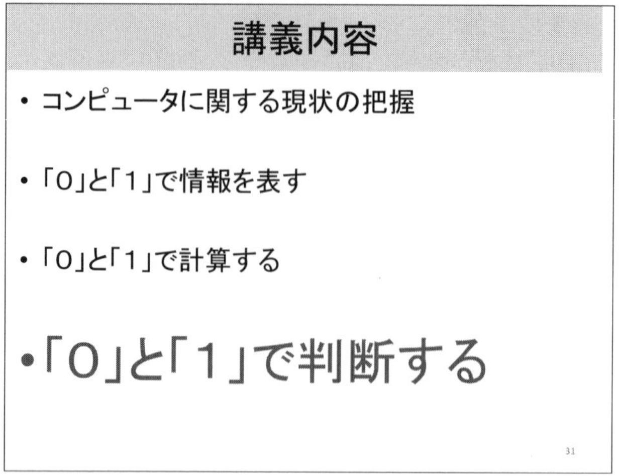

講義内容

- コンピュータに関する現状の把握

- 「0」と「1」で情報を表す

- 「0」と「1」で計算する

- 「0」と「1」で判断する

次に，0と1でどのように判断するかを考えていきましょう．

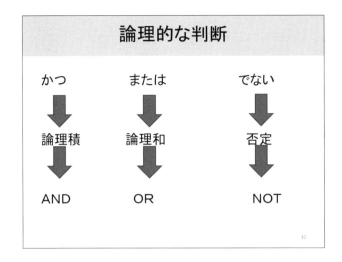
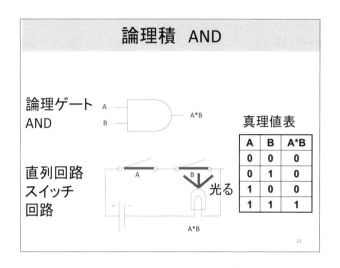

　人間が論理的に判断するためには，2つの条件を与えられてときにその条件に対して，次の3つの判断をしています．

　例えば，テストAとテストBを行って，その科目の合否がきまるとします．この場合，テストAの合否とテストBの合否があるわけですが，科目の合否の判定方法はつぎのようになります．

　テストAが合格であり，かつテストBが合格であれば科目は合格とする．これが「かつ」（論理積）と言われるものです．

　また，テストAが合格であるか，またはテストBが合格であれば，科目を合格とする．これが「または」（論理和）です．

　残りが「でない」（否定）です．

　人間はこれらを組合わせて，論理的な判断をしています．

　それでは，この論理的な判断を電気的に実現可能かを考えてみましょう．小学校で，電池，スイッチ，豆級を使って，光るか光らないをスイッチのつなぎ方を変えて実験したことを思い出してください．

　直列つなぎでは，どのようにスイッチをオンとオフしたら光りましたか？

　ここでスイッチをオンすることを1とし，スイッチをオフすることを0としてみましょう．また，豆電球が光れば1とします．これを表にするとこのようになり，この真理値表の論理的な意味は「かつ」（論理積）です．

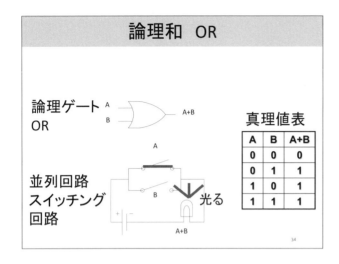

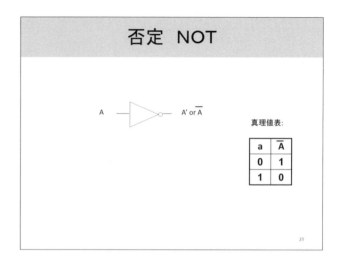

　同様に，論理的な判断を電気的に実現可能かを考えてみましょう．並列つなぎでは，どのようにスイッチをオンとオフしたら光りましたか？

　ここでスイッチをオンすることを1とし，スイッチをオフすることを0としてみましょう．また，豆電球が光れば1とします．これを表にするとこのようになり，この真理値表の論理的な意味は，「または」（論理和）です．

　ここで重要なことは，真理値表で表現できるものは論理回路として電気的に動かすことができることです．

　最後は，「でない」（否定）です．

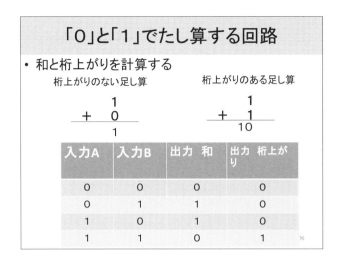

0と1を足すための回路も表にできます．確認してみてください．

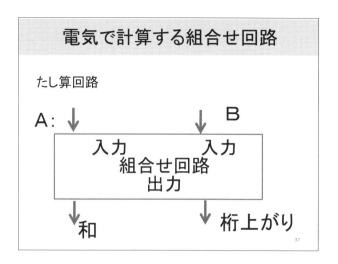

この図のように電気で計算する回路ができあがります．
与えられた入力に対して，答えが決まる論理回路を組合せ回路と呼びます．

多数決のルール

- 1が過半数ならば，1
- 0が過半数ならば，0

- このルールを0と1で表すことができるか？

それでは，もう少し複雑な論理を考えてみましょう．例は，多数決です．
多数決は，賛成と反対の票があり，得票数の多い方を結論とします．
賛成を1，反対を0として，3人の投票者の多数決を考えてみましょう．

0と1で多数決のルールを書いてみよう

- 賛成を 1 として 反対を0とする
- 3名の場合の全ての組合せは？

3名の投票者の投票行為をもれなく書き出してみましょう．

ルールブックの役割を果たす表 「賛成」と「反対」の表

Aさん	Bさん	Cさん	結論
反対	反対	反対	反対
反対	反対	賛成	反対
賛成	賛成	賛成	賛成

ルールブックの役割を果たす表 「0」と「1」の真理値表

Aさん	Bさん	Cさん	結論
0	0	0	0
0	0	1	0
1	1	1	1

書き出した賛成と反対の投票行為を反対を 0，賛成を 1 で書き直してみましょう．

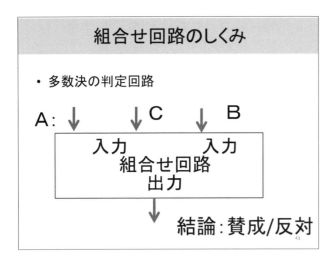

多数決の判定を真理値表で表すことができましたか？

専門分野の論理回路設計の勉強をすると，この真理値表から実際に動く論理回路を求めることができます．

このことは専門の科目になります．

身近にある自動販売機は，組合せ回路の考え方だけでは作れません．それは，自動販売機の動作を頭に浮かべるとわかります．

120円のジュースを買う場合に，まず100円を投入したとします．ジュースはでませんね．次に，50円を入れると出ますね．

これを実現するためには，過去の情報を記憶することが必要になります．つまり，2回目の投入のように，現在の入力50円と過去の履歴である現在の状態100円を計算して，現在の出力（ジュースを出すこと）とつぎの状態（「30円残っているか」または「お釣りを出して0円になるか」）になります．これを順序回路と呼び，現在の入力と現在の状態によって，現在の出力と次の状態を求める論回路です．

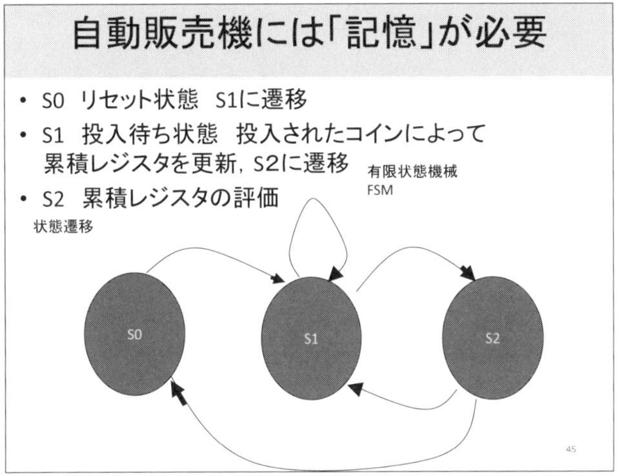

自動販売機には「記憶」が必要

- S0　リセット状態　S1に遷移
- S1　投入待ち状態　投入されたコインによって
　累積レジスタを更新，S2に遷移
- S2　累積レジスタの評価

有限状態機械
FSM

状態遷移

S0　S1　S2

45

専門科目では，この順序回路を図のような状態遷移図として学びます．

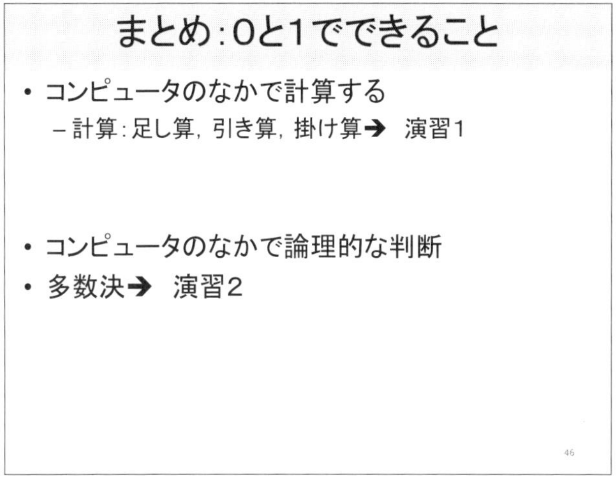

まとめ：0と1でできること

- コンピュータのなかで計算する
  - 計算：足し算，引き算，掛け算➔　演習1

- コンピュータのなかで論理的な判断
- 多数決➔　演習2

46

　今日の講義のまとめです．今日は，コンピュータの中で行われている計算と論理的な判断の仕組みを勉強しました．

第4回

統計解析の基礎（1）—— 基本統計量

基礎情報科学

統計解析の基礎

二宮 崇

1

授業について

○スケジュール
- 第4回 基本統計量
- 第5回 相関分析、確率分布
- 第6回 推定・検定

○参考書
- 高校の数学 (数研出版 高等学校 数学I、数研出版 高等学校 数学A、数研出版 高等学校 数学B)
- まなびのずかん　統計学の図鑑 涌井 良幸 (著), 涌井 貞美 (著) 技術評論社
- 統計学入門、東京大学出版会

○成績
- 統計解析の基礎 (3コマ) 35点
- moodle上の課題 (3回)
  ○ moodleの基礎情報科学のコースに掲載します。
  ○ 配点：第4回(15点)、第5回(10点)、第6回(10点)
  ○ 〆切：授業の2週間後

2

基礎情報科学第4回から第6回は統計解析の基礎について学びます．

講義のスケジュールはスライドに書かれているとおりになります．第4回は基本統計量について学び，第5回では相関分析と確率分布について学びます．第6回は推定と検定について学びます．

参考資料として，高校の数学の教科書，『統計学の図鑑』（涌井良幸・涌井貞美著，技術評論社），『統計学入門』(東京大学出版会) をあげさせていただきます．より深く統計解析について勉強したい場合は『統計学入門』(東京大学出版会) を

是非購入してみてください.

　成績について，この統計解析の基礎 (3 回分) は合計 35 点分 (100 点中) の点数があります. 各回でレポート課題がでますので，2 週間後の〆切までにそれらを提出するようにしてください. 配点は，第 4 回が 15 点，第 5 回が 10 点，第 6 回が 10 点分あります. レポート課題は moodle 上に掲載されます.

基礎情報科学

統計解析の基礎(1)　基本統計量
- 代表値（平均値、最頻値、中央値）
- 散布度（分散、標準偏差、四分位数）
- 標準化、偏差値

　第 1 回は基本統計量について学びます. 平均値，最頻値，中央値などの代表値について学び，その次に，分散，標準偏差，四分位数などの散布度について学び，最後に標準化，偏差値について学びます.

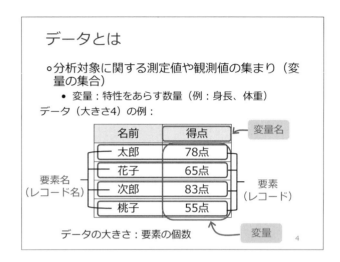

統計解析の目的は、ある集団についてのデータから、その集団の傾向や特徴を分析することです。統計学はいくつかのタイプにわかれていて、これについてはまた後で説明しますが、統計学とは要するにデータを分析することと考えていただければ良いです。

その基本となるデータとは「分析対象に関する測定値や観測値の集まり」のことです。人の身長や体重など、ある特性を表す数量のことを「変量」といいます。つまり、データとは変量の集合ということになります。

このスライドにデータの例をあげています。このデータは4人の学生の得点を表すデータになっていて、各個人のことを「要素」(もしくは「個体」もしくは「レコード」)といいます。各要素の名前のことを要素名(個体名、レコード名)と言います。この場合、「太郎」や「花子」が要素名となります。各要素の得点が「変量」と呼ばれます。「得点」など変量の名前のことを変量名と言います。要素の個数のことを「データの大きさ」と言います。

統計学の目標は、たくさんの数字や文字の裏にある傾向や特徴を知ることです。そのための手段として最も有効なのは、表にして、それを図示することです。最初は、そのデータ整理の基礎として、度数分布表について説明します。

度数分布表とは、特定の間隔毎のデータ数を示す表で、連続的な値のデータの分布を知るために有効な手法です。

スライドの表が度数分布表の例となっています。左側が元のデータで、50人分のデータとなっていて各要素(各個人)の点数が記載されています。右側がそれを元に度数分布表にしたものです。10点ごとにそれぞれ何人いるのか表しています。この例では0以上10未満が0人、とんで、40以上50未満が1人、50以上60未満が3人、60以上70未満が10人、70以上80未満が24人、80以上90未満が8人、90以上100未満が4人となっています。このそれぞれのデータの各区間のことを「階級」と呼びます。区間の幅のことを「階級幅」と言います。各階級に含まれるデータ数のことを「度数」と呼びます。また、階級の中央の値を「階級値」といい、各区間の代表的な値を表します。

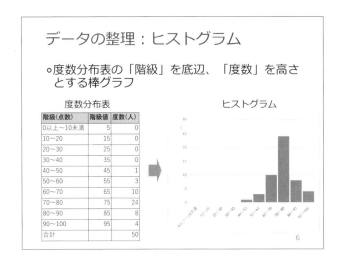 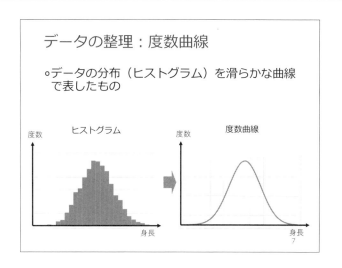

度数分布表をより見やすくするために棒グラフにしたものをヒストグラムといいます．さきほどの度数分布表がスライドの左側に表示されていますが，これをヒストグラムにしたものがスライドの右側になります．度数分布表の「階級」を底辺，「度数」を高さとした棒グラフのことをヒストグラムといいます．

ヒストグラムを滑らかな曲線にしたものを度数曲線といいます．

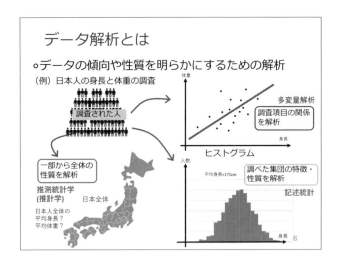

統計学やデータ解析の目的はデータの傾向や性質を明らかにすることです．統計学を大きく分類すると，調べた集団の特徴・性質を解析する「記述統計」と，調査項目の関係を解析する「多変量解析」，一部から全体の性質を解析する「推測統計学」の3つにわかれます．さきほど勉強した度数分布表やヒストグラムは記述統計に入ります．

データの基本的な特徴を表す値のことを基本統計量といいます．基本統計量には代表値と散布度があります．代表値はデータ全体を代表する値で，例として，平均値，中央値，最頻値などがあります．データ全体の特徴を適当な1つの数値で表せるため大変便利です．散布度はデータの散らばり具合を表す値で，例として，分散，標準偏差，レンジ，四分位数などがあります．

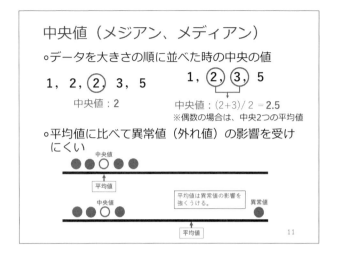

代表値として最も有名なものに「平均値」があります．これはおそらくみなさんすでにご存知のとおりだと思いますが，データの値の総和をデータ数で割った値になります．N 個の値「$x_1, x_2, \ldots, x_N$」の平均 $\bar{x}$ (エックスバー) は，スライドの式に表されているように，x_1 から x_N までの総和を N で割った値となっています．例として，子供 A, B, C の体重が 10, 17, 12 (kg) だったとき，これらの平均は $(10 + 12 + 17) \div 3$ で 13 となります．また，データから求めた平均は変数にバーをつけて表すことが多いです．

次に代表値として有名なものとして，中央値 (メジアン，メディアン) があります．中央値は，データを大きさの順に並べたときの中央の値です．例えば，1, 2, 2, 3, 5 の 5 つのデータがあったときに中央値は小さい方から数えて真ん中にあたる 3 番目の値の 2 が中央値になります．奇数個のデータの場合はちょうど真ん中の値がありますが，偶数個のデータの場合は中央 2 つの値の平均値を中央値とします．

中央値は平均値に比べて異常値 (外れ値) の影響を受けにくいという特徴があります．スライドの下の図をみると，上の場合は中央値と平均値はおおよそ一致することになりますが，下の場合は，異常値と呼ばれる，データの採集ミスであったりノイズのため通常の分布から大きく離れた値が一つ含まれていて，平均をとると図のように異常値にひっぱられて本来の平均から大きくくずれることになります．一方中央値は個数を数えて真ん中の値をとるため，異常値があったとしても大きな影響は受けません．

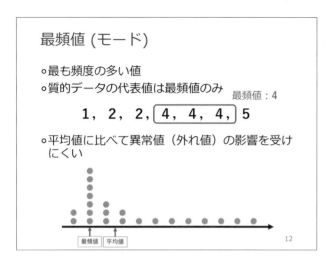

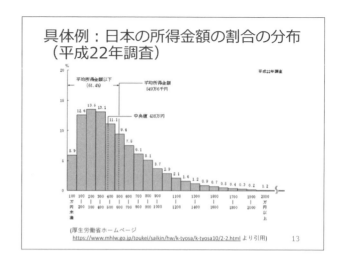

　もう一つ代表値として有名なものに最頻値 (モード) があります．最頻値とは，最も頻度の多い値のことで，例えば，1, 2, 2, 4, 4, 4, 5 のデータがあったときに，4 の値が 3 つあって最も頻度が多いので，4 が最頻値となります．

　最頻値は中央値と同じように異常値の影響を受けにくいという特徴があります．スライド下のヒストグラムをみてみると，平均値は少数の大きな値に影響されて，直感よりやや上方の値となっていますが，最頻値は分布全体のピークを指し示すことになるため，データ全体の集団のマジョリティーを代表していることになります．

　代表値として，平均値，中央値，最頻値の 3 つを学びましたが，これらの違いをみるために，日本の所得金額の割合の分布でこれらの値をみてみます．

　このスライドのヒストグラムが平成 22 年調査の日本の所得金額の分布となりますが，平均値は 549 万円で，中央値は 438 万円，最頻値は 200 から 300 万円となっています．よく聞く年収としては一般的には 200 から 400 万円ぐらいであることを考えると，大多数の値を代表する最頻値や日本全体の真ん中にあたる中央値が直感的に思い描く平均に近いと言えます．平均値はそれらに比べると少数の高額所得者に引っ張られて，大多数の労働者が思い描く直感的な平均よりもかなり高い値であることがわかります．

演習問題：代表値の算出

下の得点表の平均値、中央値、最頻値を求めましょう

得点	人数
1	2
2	1
3	2
4	5
5	3
6	4
7	3
8	1
計	21

14

演習問題解答例：代表値の算出

下の得点表の平均値、中央値、最頻値を求めましょう

得点	人数
1	2
2	1
3	2
4	5
5	3
6	4
7	3
8	1
計	21

平均値

$$\frac{1\times2 + 2\times1 + 3\times2 + 4\times5 + 5\times3 + 6\times4 + 7\times3 + 8\times1}{21}$$

$$= \frac{98}{21} = \frac{14}{3} (= 約4.67)$$

中央値　5

(21人の半分である11人目の得点)

最頻値　4

15

　それでは平均値，中央値，最頻値を求める演習をやってみましょう．電卓やPC があればそれらを使って計算してかまいません．(約 5 分)

　演習問題の解答です．平均値の計算は，全体の合計値が 得点 × 人数 となるので，この式のように全体の合計値が計算できます．データ全体の人数は 21 人なので，21 で割ると，$\frac{98}{21}$ で約 4.67 となります．

　中央値は全体の人数が 21 人なので，その真ん中である 11 人目の得点が中央値となります．上から順に数えていって，$2 + 1 + 2 + 5$ で 10 人となるので，次の得点 5 のところに 11 人目がはいっています．したがって，5 が中央値となります．

　最頻値は最も頻度が高い値なので，人数が最も多い得点が最頻値となります．この場合は人数 5 人が最も多く，その得点が 4 点となっているので，最頻値は 4 となります．

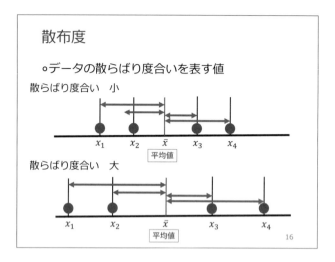

次は基本統計量の散布度に説明します．散布度はデータの散らばり度合いを表す値です．平均値が同じであっても，データ全体の分布に広がりがある場合と無い場合で大きく性質が異なってきます．図の上側は散らばりが少なく，平均値に多くの値が集中しています．下側の図は散らばり度合いが大きく，平均値から離れた値をとることが多いことがわかります．

散布度を表す代表的な値として，「分散」があります．分散は平均からの散らばり度合いを表す値で，N 個の値 $x_1, x_2, \ldots, x_N$ が与えられたとき，その分散は各値から平均値を引いたものを二乗して全て足し合わせたものをデータ数で割ることで求まります．つまり，分散は平均との差の二乗の平均ということができます．データから求めた分散は一般に s^2 と表現することが多いです．

分散を求める手続きとしては，まず，データ全体の平均値を求めます．そのあと，各データの値から平均を引いたものを求めます．これは偏差と呼ばれます．続いて各データの偏差を二乗してその総和を求めます．これは偏差平方和と呼ばれます．最後に偏差平方和をデータ数で割って分散が求まります．

【参考】その他の分散の求め方

分散＝二乗平均－平均値の二乗
$$s^2 = \frac{1}{N}\sum_{i=1}^{N} x_i^2 - \bar{x}^2$$

証明： $s^2 = \frac{1}{N}\sum_{i=1}^{N}(x_i - \bar{x})^2$　分散の定義

$= \frac{1}{N}\sum_{i=1}^{N}(x_i^2 - 2x_i\bar{x} + \bar{x}^2)$

$= \frac{1}{N}\sum_{i=1}^{N} x_i^2 - 2\bar{x}\left[\frac{1}{N}\sum_{i=1}^{N} x_i\right] + \frac{1}{N}\cdot N\bar{x}^2$

$= \frac{1}{N}\sum_{i=1}^{N} x_i^2 - 2\bar{x}^2 + \bar{x}^2$

$= \frac{1}{N}\sum_{i=1}^{N} x_i^2 - \bar{x}^2$

参考として他の分散の求め方を紹介します．

分散は二乗平均から平均値の二乗を引いたものと等しくなりますので，スライドの式のように求めることもできます．この証明は，前ページのスライドで紹介した分散の定義の式を展開することで求まります．

具体例：分散の計算

○ 生徒のテストの得点の分散を計算してみましょう

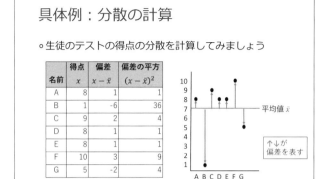

名前	得点 x	偏差 $x - \bar{x}$	偏差の平方 $(x - \bar{x})^2$
A	8	1	1
B	1	-6	36
C	9	2	4
D	8	1	1
E	8	1	1
F	10	3	9
G	5	-2	4

平均$\bar{x}$は7点
偏差平方和は56、分散は8

ここで分散の計算を実際にやってみましょう．データとして，AからGまでの7人の得点が図のように与えられたとき，まず，平均値を求めます．データ全体の平均値は7点となります．続いて偏差を求めます．各データの値から平均値を引いたものが偏差となるので，それぞれの得点から7を引いて各偏差を求めます．続いて，偏差をそれぞれ二乗して，偏差の平方を求めます．この合計が56となり，データ数7でわると，8になるので，分散は8となります．

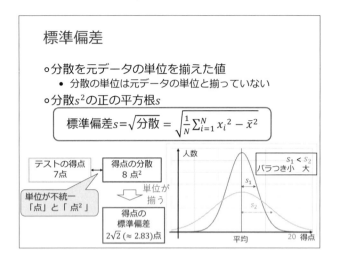
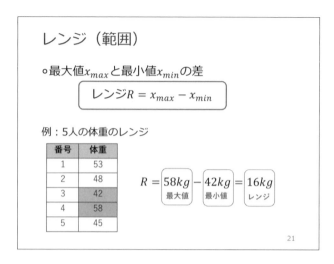

次に散布度として有名な標準偏差について解説をします．

分散は二乗和の平均となっているので，元のデータと単位が揃っていません．そこで分散 s^2 の平方根をとることで単位を揃えます．この分散の正の平方根のことを標準偏差と言います．計算の仕方としては，単純に分散の正の平方根を計算するだけです．標準偏差は s で表します．

標準偏差 s は分散にルートをかけたものになるため，スライド中央のような計算式となります．

先ほどの例では得点の分散が 8 でしたが，単位は点の二乗になっています．この平方根をとることで標準偏差 $2\sqrt{2}$，およそ 2.83 点が得られます．標準偏差の単位は点となるため，ばらつき度合いが直感的にわかりやすくなります．

次の散布度を表す指標として，レンジ (範囲) を紹介します．レンジは最大値と最小値の差になります．例として，この図で表すように 5 人の体重があったとき，このデータのレンジは最大値である 58 kg と最小値である 42 kg の差である 16 kg がレンジとなります．

その他の散布度に四分位数があります．四分位数はデータを小さい順に並べたときに，4等分する位置の値となります．小さい方から順に第1四分位数，第2四分位数，第3四分位数といいます．第2四分位数は中央値と一致します．

四分位数の求め方は，まず，中央値を求めて，中央値でデータを半分に分け，各グループの中央値を求めることで求まります．データ数が奇数個の場合はその中央の値を用いて，偶数個である場合は中央の2つの値の平均を用います．

データ数が奇数個の場合と偶数個の場合で求め方が異なります．まず，データ数が奇数個の場合を説明します．

例えば，スライドのように11個のデータが小さい順で並べられていたとき，中央値は6個目の値である10になります．これが第2四分位数となります．

続いて，データを半分ずつに分割しますが中央値を含めるときれいに2つに分けることができないので，中央値を除いて2つに分割します．小さい側のデータは5個ありますが，奇数個であるためこの真ん中(3番目)の値である4が第1四分位数になります．

最後に，大きい側のデータも5個ありますが，こちらも奇数個であるため，真ん中(3番目)の値でああある20が第3四分位数になります．

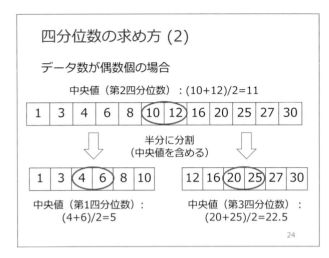

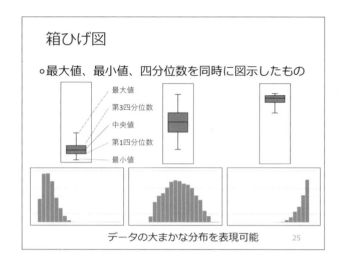

　データが偶数個ある場合は，ちょうど真ん中となる値がないため，真ん中の2つの値の平均をとります．この図では12個の値がありますが，この中央値は6番目と7番目の平均となるため，$(10+12) \div 2$ の11が中央値となります．

　次に，データを分割しますが，今度はちょうど半分に分かれるため，中央値を含めて分割します．つまり，この場合，6個ずつのデータにわけます．小さい側のデータも大きい側のデータも偶数個となるため，その中央値はそれぞれ真ん中の2つの値の平均をとって，それぞれ $(4+6) \div 2$ の5と $(20+25) \div 2$ の22.5となります．したがって，第1四分位数は5，第3四分位数は22.5となります．

　続いて，散布度を可視化するためによく用いられている箱ひげ図を紹介します．最大値，最小値，四分位数を同時に図示したもので，スライドの各ヒストグラムに対して，箱ひげ図はそれぞれ上側の図のようになります．

　最大値から最小値までの線分をまず書き，続いて，第1四分位数から第3四分位数までの箱を書き，その箱を中央値で分割します．多くのグラフをまとめてみたいときに大変便利です．

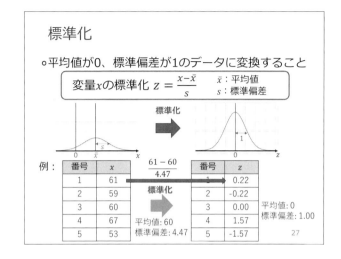

ここまでで，基本統計量である代表値，散布度について説明しました．しかし，データ全体と各要素の関係がまだよくわかっていません．

例えば，A君が100点満点のテストで90点をとったとしましょう．この場合，A君はすごいと言えるでしょうか？例えば，あるケースではB君は40点，C君は60点，D君は80点だったとすると，A君はすごい，といえますし，一方他のケースで，B君は95点，C君は100点，D君は85点だったとすると，A君はそんなにすごいわけではない，ということがわかると思います．つまり，データによって分布が異なっているため，「90点」の価値が変わってしまい，比較が難しくなっているということが言えます．

そこで分布によらずに値の大小比較をするための方法が「標準化」です．

標準化は，データの各要素の変量を，平均値が0，標準偏差1となるように変換することです．変換の式はスライドのようになります．変量 x に対して，x から平均値 $\bar{x}$ を引いて，標準偏差で割ります．この操作を各要素の変量に適用することで平均値が0，標準偏差が1のデータになります．標準化前の分布は左側のグラフのようになりますが，標準化を行うことで右側のグラフのように平均0，標準偏差1のグラフとなります．

例として，5人の得点データが与えられたとき，これを標準化してみます．まず，これらの平均値と標準偏差を求めると，平均値60，標準偏差4.47となります．この値を使って標準化を行うと右側の表のようになります．1番目の学生は，$(61 - 60) \div 4.47$ で0.22となります．続いて2番めの学生は $(59 - 60) \div 4.47$ で -0.22 となります．3番目の学生は平均値と同じなので，標準化後は0となります．後同様に4番目と5番目の学生に対しても標準化を行います．

標準化後のデータに対して，その平均，標準偏差を求めると，たしかに平均0，標準偏差1になっていることがわかります．

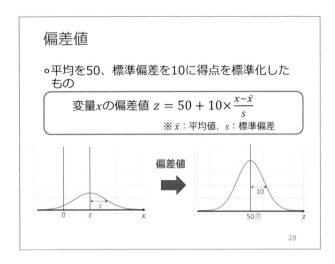

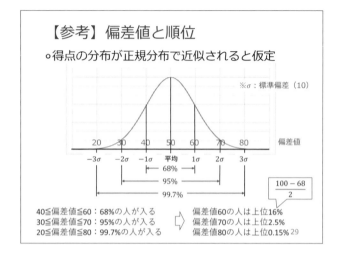

標準化の方法の一つに偏差値というものがあります．これはみなさん受験のときなどによく見かける指標なので，ご存知なのではないかと思います．50を平均として，標準偏差を10にして標準化された値は偏差値と呼ばれます．

つまり，標準化した値に10をかけて50を足せば偏差値となります．

これは参考ですが，得点の分布が正規分布に従っていると仮定すると，偏差値は図のような分布になります．標準偏差が10となるので，正規分布だと仮定すると，偏差値40から60の間に68%の人がはいり，偏差値30から70の間に95%の人が入ります．偏差値20から80の範囲は3σ（3シグマ）と呼ばれ，99.7%の人はこの中に入ることになります．つまり偏差値60の人は上位16%に入っていることになりますし，偏差値70の人は上位2.5%に，偏差値80の人は上位0.15%に入っていることになります．

「3σ (3シグマ)」はほとんどのデータが入る範囲という意味でよく使われる言葉ですので覚えておくと良いと思います．

演習問題：偏差値の算出

◦ 生徒3人の英語のテストの得点xを偏差値zに変換しましょう($\sqrt{6} = 2.4$とする)

生徒	得点x	偏差値z
1	71	
2	80	
3	89	

30

演習問題解答例：偏差値の算出

◦ 生徒3人の英語のテストの得点xを偏差値zに変換しましょう($\sqrt{6} = 2.4$とする)

生徒	得点x	偏差値z
1	71	37.5
2	80	50
3	89	62.5

1. 平均点を求める

$$\bar{x} = \frac{71+80+89}{3} = 80$$

2. 標準偏差を求める

分散$s^2 = \frac{81+0+81}{3} = 54$

標準偏差$s = \sqrt{54} = 3\sqrt{6} = 7.2$

生徒	得点 x	偏差 $\bar{x} - x$	偏差の平方 $(\bar{x} - x)^2$
1	71	-9	81
2	80	0	0
3	89	9	81

3. 偏差値を求める

・生徒1の偏差値

$$50 + 10 \times \frac{71-80}{7.2} = 37.5$$

・生徒2の偏差値

$$50 + 10 \times \frac{80-80}{7.2} = 50$$

・生徒3の偏差値

$$50 + 10 \times \frac{89-80}{7.2} = 62.5$$

31

続いてこの問題を解いてみましょう．電卓やPCがある人はそれらを用いてかまいません．(約5分)

解答です．まず，平均値を求めます．この場合80点となります．続いて標準偏差を求めます．分散は，$9^2 + 0 + 9^2$ を3で割って求めて54となります．標準偏差はこの平方根をとることで求まるので，$\sqrt{54} = 3\sqrt{6}$ で7.2になります．

したがって，生徒1の得点に対して，$50 + 10 \times \dfrac{71 - 80}{7.2}$ を計算して，37.5となり，生徒2に対しては，$50 + 10 \times \dfrac{80 - 80}{7.2} = 50$ となります．生徒3に対しては，$50 + 10 \times \dfrac{89 - 80}{7.2} = 62.5$ となることがわかります．

- 2週間後までにmoodle上の課題を解いてください

32

今日の講義はここまでです．Moodle 上に統計解析の基礎 (1) のレポート課題がありますので，2週間後の〆切までに解いて提出するようにしてください．

第 5 回

統計解析の基礎（2）— 相関分析

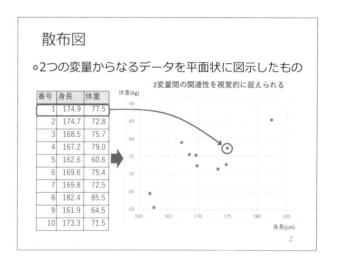

　基礎情報科学の統計解析の基礎第 2 回は，相関分析，確率分布について学びます．

　相関分析では，散布図，相関関係，共分散，相関係数について学びます．

　確率分布では，その定義についてまず説明し，離散型確率変数，連続型確率変数，確率密度関数について説明します．続いて，期待値と分散について学んで，そのあと，独立試行，二項分布，正規分布について学びます．

　第 2 回の前半は，2 つの変量の間の関係について解析する方法を学びます．

　まず，どのようなデータを扱うか，ということについてですが，このスライドの例をみてください．この表は 10 人の身長と体重のデータを表しています．一人目は身長 174.9 cm で体重が 77.5 kg です．二人目は身長 174.7 cm で，体重は 72.8 kg となっています．このような感じで 10 人分のデータがあります．前回までは一つの変量のみに注目して，代表値や散布度を計算しましたが，今回はこの

ような身長や体重といった二つの変量の間の関係性について勉強します.

まず，このような二つの変量からできているデータを可視化することを考えます．この右側の図は「散布図」と呼ばれる図で，横軸を身長，縦軸を体重としたとき，各要素 (各個人) を図にプロットしたものになります．例えば，最初の1番目の人はこの赤丸で示された点に対応します．このように各要素の値を図の上にプロットして散布図ができあがります．今回は10人分のデータなので，10個の点があることになります．この図をみることで2変量間の関係性を視覚的に捉えることができます．

2変量の関係 (1)

- 相関がある
  - 正の相関がある：一方が増えると他方も増える
  - 負の相関がある：一方が増えると他方が減る
- 相関がない

負の相関 / 相関がない / 正の相関

勉強時間 / ゲームの時間

テストの点数 / 身長(cm)

体重(kg) / 身長(cm)

3

二つ変量があるとき，その変量間の関係性について調べることを考えます．

二つの変量の間で，一方が増えると，他方も増える関係にあるとき，この二つの変量の間に「正の相関がある」，と言います．逆に一方が増えた時，他方が減る関係にあるときは，この二つの変量の間に「負の相関がある」と言います．

スライドの一番右側の図が正の相関がある場合の散布図を示していて，身長が増えると，体重が増えるという関係があることがわかります．

スライドの一番左側の図は負の相関がある場合の散布図を示しています．これはゲームの時間と勉強時間の関係を表す散布図となっていますが，ゲームの時間が増えると，勉強の時間が減っていることがわかります．このような場合，負の相関がある，と言います．

正の相関がある場合と負の相関がある場合とあわせて，どちらかの関係にある場合，「相関がある」と言います．正の相関も負の相関もない場合，「相関がない」と言います．スライドの真ん中の図は相関がない場合の例を表しています．身長とテストの点数の関係を散布図にしたものですが，二つの変量の間に規則性がなくばらばらになっていることがわかります．このような場合，相関がない，というふうに言います．

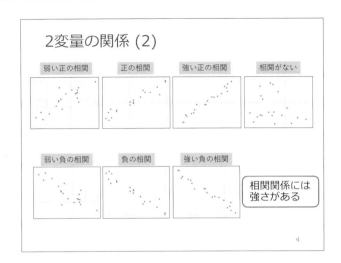

2変量の関係について，先ほどは，負の相関がある，相関がない，正の相関がある，といった3つの場合にわけて説明しましたが，相関には強い弱いがあり，より強く相関している場合やより弱く相関している場合があり，連続した関係性となっています．

スライドの左上が弱い正の相関の場合で，正の相関が強まるにつれて，だんだんと直線に近づいていきます．この右側が正の相関，より強い正の相関を表しています．

その右側に相関がない場合の図が示されています．この状態に弱い負の相関があると右下の方向に向かって揃っていく規則性がでてきます．スライドの下段は左から順に，弱い負の相関，負の相関，強い負の相関を表しています．

このように相関関係には強さがあります．

直感的には相関関係に強さがある，ということがわかったかと思いますが，どれぐらいどうだったら強いのか，弱いのかがわからないと思います．相関の強さを表すには一般に「相関係数」と呼ばれる統計量を用います．しかし，それを算出するためには，「共分散」と呼ばれる統計量を理解する必要があります．

共分散は，相関を数値化したもので，共分散が0より小さいと負の相関を表し，共分散が0に近いと相関がなく，0より大きいと正の相関があると言えます．

共分散の計算式はスライドの式のとおりとなります．二つの変量 x と y の共分散 s_{xy} は各要素の変量 x_i と y_i に対して，x の平均と y の平均をそれぞれ引き算して，まず，$x_i - \bar{x}$ と $y_i - \bar{y}$ を求めます．これは前回勉強した偏差 (値 − 平均) と呼ばれる値です．x の偏差と y の偏差を掛け算し，データ全体で総和をとってデータ数で割った値が共分散 s_{xy} $\left(= \frac{1}{n}\sum_{i=1}^{n}(x_i - \bar{y})(y_i - \bar{y}) \right)$ となります．

自分自身との共分散 $s_{xx} = \frac{1}{n}\sum_{i=1}^{n}(x_i - \bar{x})(x_i - \bar{x}) = \frac{1}{n}\sum_{i=1}^{n}(x_i - \bar{x})^2$ は分散と同じになりますので，そのように理解すると分散と共分散の関係がわかりやすくなると思います．

ただし，共分散は相関の強さを表現しているわけではないので，その点に注意してください．

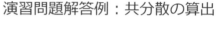
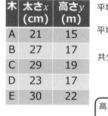

それでは，共分散の計算演習を行ってみましょう (約 5 分)．電卓や PC を使ってもかまいません．

解答例になります．まず，それぞれの平均を求めます．続いて，共分散を計算します．

このとき高さをメートル (m) ではなく，センチメートル (cm) で表すと，y の平均は 1800，共分散は 720 となります．このように単位を変えると共分散の値は変わってしまうので，相関の強さを表すには適していないことがわかります．つまり，同じデータなのに相関の強さが異なってしまう，ということです．

【参考】その他の共分散の求め方

$$\text{共分散} = xy\text{の平均値} - x\text{の平均値} \times y\text{の平均値}$$
$$s_{xy} = \overline{xy} - \bar{x} \cdot \bar{y}$$

証明：$s_{xy} = \frac{1}{n}\sum_{i=1}^{n}(x_i - \bar{x})(y_i - \bar{y})$　共分散の定義

$= \frac{1}{n}\sum_{i=1}^{n}(x_i y_i - x_i \bar{y} - \bar{x}y_i + \bar{x}\bar{y})$

$= \frac{1}{n}\sum_{i=1}^{n} x_i y_i - \bar{y}\frac{1}{n}\sum_{i=1}^{n} x_i - \bar{x}\frac{1}{n}\sum_{i=1}^{n} y_i + \frac{1}{n} \cdot n\bar{x}\bar{y}$

$= \overline{xy} - \bar{y}\bar{x} - \bar{x}\bar{y} + \bar{x}\bar{y}$

$= \overline{xy} - \bar{x}\bar{y}$

相関係数

○ 相関の強さを測る指標

$$\text{相関係数 } r_{xy} = \frac{s_{xy}}{s_x s_y}$$

ただし，s_{xy}：共分散，s_x / s_y：x / yの標準偏差

○ −1以上1以下の値
- 1に近いほど正の相関が強い
- −1に近いほど負の相関が強い

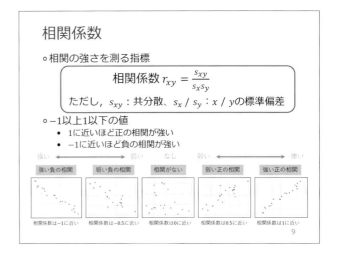

参考として，共分散は，分散のときと同じように，他の方法で求めることもできます．

共分散は，xyの平均値 − xの平均値 × yの平均値 によって計算することができます．証明はスライド下のようになります．まず，共分散を定義通り書き下します．これを展開して，総和記号を式の内側に展開することで，3 行目のようになり，これを平均で置き換えると，$\overline{xy} - \bar{x} \cdot \bar{y}$ となります．$\overline{xy}$ は $\frac{1}{n}\sum_{i=1}^{n} x_i y_i$ を表すことに注意してください．

次に相関の強さを計算する相関係数について説明します．

相関係数は相関の強さを測る指標となっていて，相関係数 r_{xy} は共分散 s_{xy} を x の標準偏差と y の標準偏差で割ったものになります．つまり，スライドの式で表されているように，$r_{xy} = \frac{s_{xy}}{s_x s_y}$ で計算することができます．ただし，s_x と s_y はそれぞれ分散ではなく標準偏差であることに注意してください．共分散を計算したあと，間違って x の分散と y の分散で割り算する間違いがよくあります．

相関係数は −1 以上 1 以下の値をとるようになっていて，1 に近いほど正の相関が強く，−1 に近いほど負の相関が強くなります．

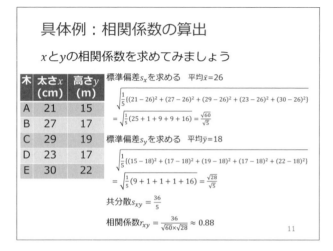

引き続き，相関係数の計算演習を行いましょう．(約 5 分)．電卓や PC を用いて計算してかまいません．さきほどの共分散の計算演習のときと同じデータですので，共分散は前に求めたものを使いましょう．

計算演習の解答例になります．共分散は前回求めたものをそのまま使えば良いので，共分散 $s_{xy} = \dfrac{36}{5}$ となります．次に x の標準偏差と y の標準偏差を求めます．x の平均は 26，y の平均は 18 になるので，それぞれ分散を計算してルートをとることで標準偏差が求まります．s_x は $\dfrac{\sqrt{60}}{\sqrt{5}}$，$s_y$ は $\dfrac{\sqrt{28}}{\sqrt{5}}$ となります．従って，相関係数 r_{xy} は $\dfrac{36}{5} \times \dfrac{\sqrt{5}}{\sqrt{60}} \times \dfrac{\sqrt{5}}{\sqrt{28}}$ となりますので，$r_{xy} = \dfrac{36}{\sqrt{60} \times \sqrt{28}} \approx 0.88$ となります．

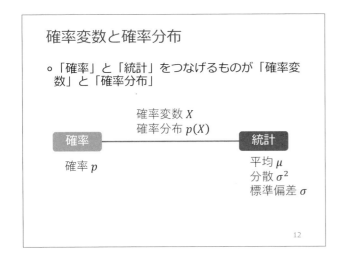

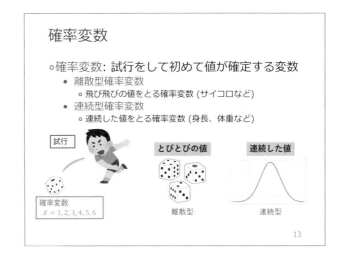

　ここまでは記述統計の話でした．データの平均だったり標準偏差，相関係数などデータ全体の傾向を理解するための指標を得ることはできますが，一部のサンプルだけが手に入ったときの全体の傾向を知ったり，将来の予測を行うことなどはできません．単にデータを集めて整理しているだけなので，統計学というにはまだまだ非力なかんじです．

　そこで，推測統計学というものをこれから勉強していくことになるのですが，そのために「確率」を用います．この「確率」と「統計」をつなげるものが「確率変数」と「確率分布」になります．そこで，今回はこれらの「確率変数」と「確率分布」について勉強します．

　確率変数は，試行をして初めて値が確定する変数のことです．確率変数には「離散型確率変数」と「連続型確率変数」があります．離散型確率変数は飛び飛びの値をとる確率変数で例として，サイコロなどがあります．連続型確率変数は連続した値をとる確率変数で例として，身長や体重などがあります．

　確率変数は，どのような値になるか試行をして初めて値が確定する変数のことです．サイコロがわかりやすい例になりますが，実際にサイコロをふることで，1から6までの目が$\frac{1}{6}$の確率で確定されます．連続型確率変数としては例えば，日本人の身長などがあります．サイコロのように試行するわけではないですが，日本人全体からサンプルを一人抽出したときその人の身長がある分布に従って得られます．

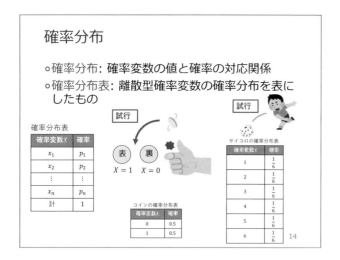
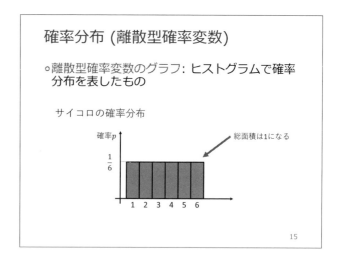

　確率変数の値と確率の対応関係のことを確率分布と言います．特に離散型確率変数の確率分布は表の形になるので，これを確率分布表と言います．

　確率分布表はスライド左側の表のようになります．確率変数がとることができる値を全て並べ，各行はその確率変数の値とその値をとる確率で記述されます．例えば，コインのように表裏の値をとる確率変数があったとき，その確率分布表はスライド真ん中の表のようになります．表と裏が等確率ででる場合は，それぞれ 0.5 の確率となります．サイコロの場合は，その確率変数の値は 1 から 6 までとなり，それぞれの目が等確率ででるとすると，それぞれの目の確率は $\frac{1}{6}$ となります．

　確率分布表の特徴としてその確率の合計は 1 になることに注意してください．

　離散型確率変数の確率分布表をヒストグラムで表すことによって，離散型確率変数の確率分布グラフを得ることができます．数値が並ぶだけよりも目でみてその分布がわかるため，よく用いられます．

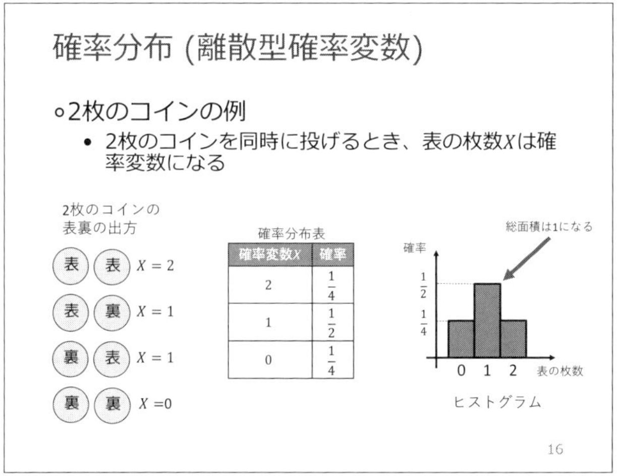

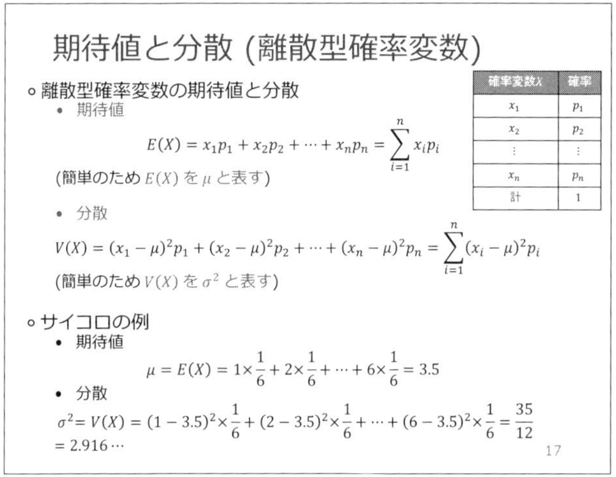

確率分布 (離散型確率変数)

○ 2枚のコインの例
- 2枚のコインを同時に投げるとき、表の枚数 X は確率変数になる

2枚のコインの表裏の出方:
- 表 表 $X = 2$
- 表 裏 $X = 1$
- 裏 表 $X = 1$
- 裏 裏 $X = 0$

確率分布表:

確率変数 X	確率
2	$\frac{1}{4}$
1	$\frac{1}{2}$
0	$\frac{1}{4}$

ヒストグラム（総面積は1になる）

期待値と分散 (離散型確率変数)

○ 離散型確率変数の期待値と分散
- 期待値

$$E(X) = x_1 p_1 + x_2 p_2 + \cdots + x_n p_n = \sum_{i=1}^{n} x_i p_i$$

（簡単のため $E(X)$ を μ と表す）

- 分散

$$V(X) = (x_1 - \mu)^2 p_1 + (x_2 - \mu)^2 p_2 + \cdots + (x_n - \mu)^2 p_n = \sum_{i=1}^{n} (x_i - \mu)^2 p_i$$

（簡単のため $V(X)$ を σ^2 と表す）

確率変数 X	確率
x_1	p_1
x_2	p_2
$\vdots$	$\vdots$
x_n	p_n
計	1

○ サイコロの例
- 期待値

$$\mu = E(X) = 1 \times \frac{1}{6} + 2 \times \frac{1}{6} + \cdots + 6 \times \frac{1}{6} = 3.5$$

- 分散

$$\sigma^2 = V(X) = (1 - 3.5)^2 \times \frac{1}{6} + (2 - 3.5)^2 \times \frac{1}{6} + \cdots + (6 - 3.5)^2 \times \frac{1}{6} = \frac{35}{12}$$
$$= 2.916\cdots$$

スライドの図は2枚のコインを用いたときの確率分布の例となっています．ここでは表がでた枚数を確率変数 X とします．2枚のコインなので，表の枚数 X は $0, 1, 2$ の3つの値をとります．コインの表裏の出方ですが，表表の場合，表裏の場合，裏表の場合，裏裏の場合の4通りあり，それぞれ $\frac{1}{4}$ の確率で出現します．ここでは表の枚数の確率分布を得たいので，表がでた枚数に注目します．表の枚数2の場合は表表しかないので，$\frac{1}{4}$ となります．表の枚数1の場合は，表裏の場合と裏表の場合があるので，それぞれの確率を足すと，$\frac{1}{4} + \frac{1}{4}$ で $\frac{1}{2}$ の確率となります．最後に表の枚数0の場合は，裏裏の場合しかないので，$\frac{1}{4}$ の確率となります．従って，2枚のコインの表の枚数 X の確率分布表とそのグラフはそれぞれスライド左の表と右の図のとおりになります．

ヒストグラムにおいて，横軸のそれぞれの値の幅を1として考えるとヒストグラム全体の面積は合計1となることにも注意してください．

離散型確率変数が与えられると，その確率変数の平均と分散を計算することができます．前回勉強した平均や分散はデータから直接計算して求めていましたが，確率変数に対しては，確率分布から計算していることに注意してください．

確率変数の平均は一般的に期待値と呼ばれます．期待値は，その名前のとおり，与えられた確率変数が与えられた確率分布に従ってその値をだすときに期待される平均的な値のことです．確率変数 X の期待値 $E(X)$ は，スライドの式のように，確率変数のそれぞれの値 (x_i) に確率 (p_i) をかけた値を全て足すことによって求まります．確率は合計が1になるようになっているので，確率がそれぞれの値に対する重み付けになっていると考えられます．簡単のために $E(X)$ を μ と表すことにします．

確率変数の分散 $V(X)$ は，確率変数のそれぞれの値 (x_i) から確率変数の期待値 $\mu = E(X)$ を引いたものを二乗して，確率 (p_i) をかけた値を全て足すことによって求まります．これはデータから求める分散と同じように各確率変数の値 (x_i) と平均 $(\mu = E(X))$ の差，つまり偏差を二乗したものに確率で重み付けしたものと考えれば良いです．簡単のために分散 $V(X)$ を σ^2 で表すことにします．

スライド下側はサイコロの例になっています．サイコロは値として1から6までの値をそれぞれ確率 $\frac{1}{6}$ でとりますから，その期待値 μ は $\mu = E(X) =$

$1 \times \frac{1}{6} + 2 \times \frac{1}{6} + \cdots + 6 \times \frac{1}{6} = 3.5$ となります．サイコロをふると平均して 3.5 ぐらいの値になるということですね．期待値の性質についてはまた後で述べますが，期待値の性質をうまく使うとより複雑な事象の期待値を計算することができるようになります．例えば，サイコロを 5 回ふったときのその合計値は $3.5 \times 5 = 17.5$ ぐらいになることが期待されます．

サイコロの分散はもっと複雑です．定義に従って，計算してみると，$(1-3.5)^2 \times \frac{1}{6} + (2-3.5)^2 \times \frac{1}{6} + \cdots + (6-3.5)^2 \times \frac{1}{6} = \frac{35}{12} = 2.916\ldots$ となります．そのルートをとって標準偏差を計算しても 1.708 ぐらいの値になってあまり直感的に理解できる値とはなっていません．

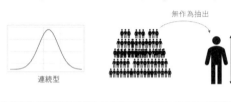

次は，連続型確率変数の確率分布について説明します．連続型確率変数は先ほど説明したように身長や体重などのように連続した値をとる確率変数です．例えば，ある小学校の 5 年生の中から一人を無作為に抽出し，その児童の身長を X とします．この身長 X は連続型確率変数になります．

連続した値をとる連続型確率変数には表やヒストグラムは使えません．そこで，連続型確率変数の確率分布は関数で表します．

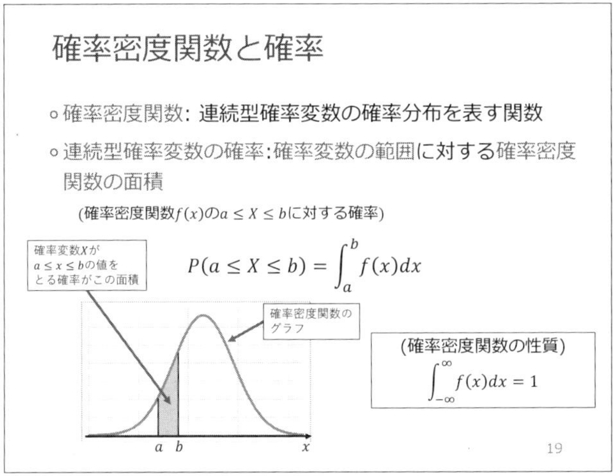

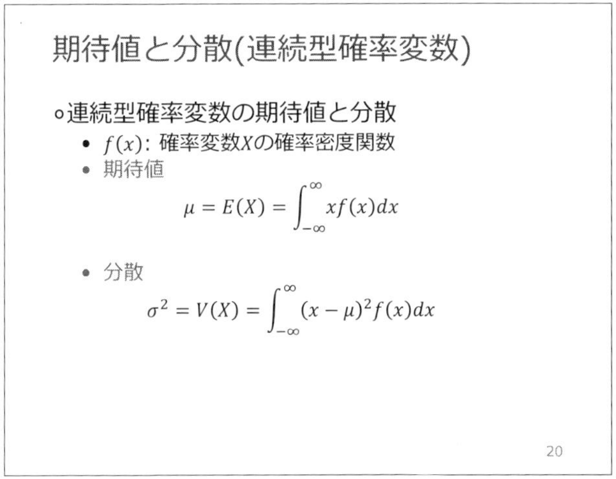

確率密度関数と確率

○ 確率密度関数: 連続型確率変数の確率分布を表す関数
○ 連続型確率変数の確率: 確率変数の範囲に対する確率密度
  関数の面積

(確率密度関数$f(x)$の$a \leq X \leq b$に対する確率)

確率変数Xが
$a \leq x \leq b$の値を
とる確率がこの面積

確率密度関数の
グラフ

$$P(a \leq X \leq b) = \int_a^b f(x)dx$$

(確率密度関数の性質)
$$\int_{-\infty}^{\infty} f(x)dx = 1$$

19

期待値と分散(連続型確率変数)

○ 連続型確率変数の期待値と分散
  ・ $f(x)$: 確率変数Xの確率密度関数
  ・ 期待値
$$\mu = E(X) = \int_{-\infty}^{\infty} xf(x)dx$$

  ・ 分散
$$\sigma^2 = V(X) = \int_{-\infty}^{\infty} (x-\mu)^2 f(x)dx$$

20

　連続型確率変数の確率分布を表す関数のことを「確率密度関数」と言います.
スライド下の図のように確率変数がとる値を横軸として, その確率密度関数の値
を縦軸にとります. 確率密度関数はその縦軸の値が確率のような気がするのです
が, そうではないので注意してください.

　連続型確率変数の確率は,「確率変数の範囲」に対する「確率密度関数の面積」
で定義されます. 従って, 離散型の場合と違って, 積分がでてきます. スライド
中央の式が「確率密度関数 $f(x)$ の $a \leq X \leq b$ に対する確率」となります. 確率
密度関数の性質として, $-\infty$ から $+\infty$ まで積分したときにその値が 1 となるこ
とに注意してください. 面積が確率となっていて, その面積の合計値が 1 になる
ということです.

　連続型確率変数の期待値と分散は次のように計算されます. 離散型確率変数の
期待値の計算における総和記号を積分記号に置き換えたものと考えると理解し
やすいと思います. $f(x)$ が確率のようなものを表していて, 確率変数 x の値と
$f(x)$ がかけられてなめらかにその期待値を計算しているイメージです. 分散に
ついても同様です.

同時分布

○ 同時分布: 2つ以上の確率変数の確率分布のことを同時分布という。

- XとYの同時分布: $P(X,Y)$

- 例: 同じ大きさの玉10個入った袋があり、そのうち4個には1、6個には2と書いてある。最初に取り出した玉に書かれている数字をXとし、取り出した玉を戻さず、次に取り出した玉に書かれている数字をYとする。

$X \setminus Y$	1	2
1	$\frac{4}{10} \cdot \frac{3}{9} = \frac{2}{15}$	$\frac{4}{10} \cdot \frac{6}{9} = \frac{4}{15}$
2	$\frac{6}{10} \cdot \frac{4}{9} = \frac{4}{15}$	$\frac{6}{10} \cdot \frac{5}{9} = \frac{5}{15}$

期待値と分散の性質

○ $E(aX + b) = aE(X) + b$

○ $E(X + Y) = E(X) + E(Y)$

○ $V(aX + b) = a^2 V(X)$

○ $V(X) = E(X^2) - E(X)^2$

※一般に$V(X + Y) = V(X) + V(Y)$は成り立たないことに注意。(XとYが独立ならば成り立つ)

次に期待値と分散の性質について説明したいのですが，その前に同時分布について説明します．2つ以上の確率変数の確率分布のことを同時分布といいます．X と Y の同時分布は $P(X,Y)$ のように記述します．

例として，同じ大きさの玉 10 個入った袋があり，そのうち 4 個には 1，6 個には 2 と書いてあるとします．最初に取り出した玉に書かれている数字を X とし，取り出した玉を戻さず，次に取り出した玉に書かれている数字を Y としたとき，同時分布はこの表のようになります．1 と 1 が同時にでる確率は $\frac{4}{10} \times \frac{3}{9}$，最初に 1 がでて次に 2 がでる確率は $\frac{4}{10} \times \frac{6}{9}$ となり，最初に 2 がでて次に 1 がでる確率は $\frac{6}{10} \times \frac{4}{9}$ となります．2 と 2 が同時にでる確率は $\frac{6}{10} \times \frac{5}{9}$ となります．

期待値にはこのような性質があります．まず，$E(aX + b)$ について，確率変数の値を a 倍して b 足す操作を行ったときの期待値は $a \times E(X) + b$ と等しくなります．例えば，サイコロの目を 3 倍して 1 足したときの期待値はいくつか？といった質問に簡単に答えられるようになります．サイコロの期待値は 3.5 なので，$3.5 \times 3 + 1$ で 11.5 となります．確率分布表を作って，再度計算しなくても大丈夫です．

次に X と Y の同時分布に対して，$X + Y$ の期待値 $E(X+Y)$ は $E(X) + E(Y)$ となります．例えば，5 つのサイコロがあったとき，そのサイコロの目の合計の期待値 $E(5X)$ は $5 \times E(X)$ となるので，$3.5 \times 5 = 17.5$ となることがすぐにわかります．

次に，分散について $V(aX + b)$ は $a^2 V(X)$ となります．X に対する係数 a は二乗されることに注意しましょう．また，データから求める分散の計算方法のところで，二乗平均から平均の二乗を引くと分散になると紹介しましたが確率変数に対する分散でも同様に，$V(X) = E(X^2) - E(X)^2$ となる性質があります．

期待値と分散の具体例

○ 1個のサイコロを投げて出る目をXとすると、

$$E(X) = \frac{7}{2}, \quad V(X) = \frac{35}{12}$$

となる。このとき、確率変数$2X + 1$の期待値と分散を求めよ。

○ 分散に関する公式 $V(X) = E(X^2) - E(X)^2$ を用いて、サイコロの分散を求めよ。(スマホを持っている人はスマホを使って計算しましょう)

23

期待値と分散の具体例

○ 1個のサイコロを投げて出る目をXとすると、

$$E(X) = \frac{7}{2}, \quad V(X) = \frac{35}{12}$$

となる。このとき、確率変数$2X + 1$の期待値と分散を求めよ。

(解答例)

$$E(2X + 1) = 2 \cdot \frac{7}{2} + 1 = 8$$
$$V(2X + 1) = 2^2 \cdot \frac{35}{12} = \frac{35}{3}$$

○ 分散に関する公式 $V(X) = E(X^2) - E(X)^2$ を用いて、サイコロの分散を求めよ。(スマホを持っている人はスマホを使って計算しましょう)

(解答例)

$$V(X) = E(X^2) - E(X)^2 = 1^2 \times \frac{1}{6} + 2^2 \times \frac{1}{6} + \cdots + 6^2 \times \frac{1}{6} - \left(1 \times \frac{1}{6} + 2 \times \frac{1}{6} + \cdots + 6 \times \frac{1}{6}\right)^2$$
$$= 15.1666 - 12.25 = 2.916\cdots$$

24

　ここで期待値と分散の演習を行いましょう. (約5分). 確率変数$2X + 1$の期待値と分散を求めてください. また, 分散に関する公式 $V(X) = E(X^2) - E(X)^2$ を使って, サイコロの分散を求めてみてください.

　解答はこのようになります. $E(2X + 1)$ は $2E(X) + 1$ となるので, 8 になります. $V(2X + 1)$ は $2^2 V(X)$ となるので, $\frac{35}{3}$ となります. 分散の公式については, $E(X^2) - E(X)^2$ が $1^2 \times \frac{1}{6} + 2^2 \times \frac{1}{6} + \cdots + 6^2 \times \frac{1}{6} - (3.5)^2$ となるので, $15.1666 - 12.25 = 2.916\ldots$ となります.

演習: 期待値

- 500円硬貨1枚と100円硬貨1枚を同時に投げて、表の出た硬貨の金額をZ円とする。Zの期待値を求めよ。

- $0 \leq X \leq 1, f(x) = 2x$を確率密度関数とする確率分布に対し、その期待値と分散を求めよ。

25

演習解答例: 期待値

- 500円硬貨1枚と100円硬貨1枚を同時に投げて、表の出た硬貨の金額をZ円とする。Zの期待値を求めよ。

(解答例) 500円硬貨の表の出た枚数をX、100円硬貨の表での出た枚数をYとすると、$Z = 500X + 100Y$であるから、$E(Z) = E(500X + 100Y) = 500E(X) + 100E(Y) = 500 \cdot \frac{1}{2} + 100 \cdot \frac{1}{2} = 300$。

- $0 \leq X \leq 1, f(x) = 2x$を確率密度関数とする確率分布に対し、その期待値と分散を求めよ。

(解答例)

$$E(X) = \int_0^1 2x^2 dx = \left[\frac{2}{3}x^3\right]_0^1 = \frac{2}{3}$$

$$V(X) = \int_0^1 2x\left(x - \frac{2}{3}\right)^2 dx = \int_0^1 \left(2x^3 - \frac{8}{3}x^2 + \frac{8}{9}x\right)dx = \left[\frac{2}{4}x^4 - \frac{8}{9}x^3 + \frac{4}{9}x^2\right]_0^1 = \frac{1}{18}$$

26

次に同時分布の期待値と連続型確率変数の期待値と分散を求めましょう. (約5分)

同時分布の問題は, Z が $500X + 100Y$ になるので, $E(Z) = E(500X + 100Y) = 500E(X) + 100E(Y) = 300$ となります.

連続型確率変数の問題については, 確率密度関数の積分で求められます. $E(X) = \int_0^1 2x^2 dx = \left[\frac{2}{3}x^3\right]_0^1 = \frac{2}{3}$ となります. $V(X) = \int_0^1 2x\left(x - \frac{2}{3}\right)^2 dx = \int_0^1 \left(2x^3 - \frac{8}{3}x^2 + \frac{8}{9}x\right)dx = \left[\frac{2}{4}x^4 - \frac{8}{9}x^3 + \frac{4}{9}x^2\right]_0^1 = \frac{1}{18}$ となります.

独立試行と二項分布

○独立: 2つの確率変数XとYについて、次の性質を満たすとき、確率変数XとYは互いに独立であるという。

$$P(X = a, Y = b) = P(X = a)P(Y = b)$$

※お互いに影響がない、無関係である、ということ

○独立試行: 2つ以上の試行が互いに独立であるとき、独立試行という。
  - 例: あるサイコロをふる試行を数回繰り返したとき、(イカサマをしない限り、)全体の事象の確率は、各事象の確率の積になる。10回ふったのなら、$\left(\frac{1}{6}\right)^{10}$ となる。

27

独立であるときの期待値と分散の性質

○確率変数X, Yが互いに独立であるとき、次の性質が成り立つ
  - $E(XY) = E(X)E(Y)$
  - $V(X + Y) = V(X) + V(Y)$

28

ここまでで，確率変数と確率分布の基礎を勉強しました．次は，様々な確率分布について勉強していきます．最初は二項分布について勉強します．二項分布について理解するために最初に独立試行について説明します．

まず，2つの確率変数 X と Y について，スライドの式にある性質を満たすとき，確率変数 X と Y は互いに独立であるといいます．わかりにくいですが，本来同時分布はそれぞれの確率変数がお互い影響を及ぼす可能性があるため，X の値の行と Y の値の列からなる二次元の確率分布表を考えなくてはいけないのですが，それぞれお互いに影響がない，無関係であることがわかっていればそれぞれ独立の確率分布表を用意し，それらの確率の積で同時分布を計算できるということです．簡単には，2つの確率変数 X と Y がお互い無関係だったり，それぞれの結果がそれぞれに影響を及ぼしたりしないとき，それらは独立である，というふうに理解すれば大丈夫です．

独立試行は，2つ以上の試行が互いに独立であるとき，独立試行といいます．例えば，あるサイコロをふる試行を数回繰り返したとき，イカサマをしない限り，全体の事象の確率は，各事象の確率の積になります．10回ふったのなら，$\left(\dfrac{1}{6}\right)^{10}$ となります．

確率変数 X, Y が互いに独立であるときは，期待値と分散に次のような性質が成り立ちます．

$$E(XY) = E(X)E(Y)$$
$$V(X + Y) = V(X) + V(Y)$$

二項分布

- 今、サイコロを5回投げて、2回だけ1の目が出たとする。この確率を考えてみよう。
- 例えば、次の順で2回1の目がでたとする。

- すると、全体の確率は：$\frac{5}{6} \cdot \frac{1}{6} \cdot \frac{5}{6} \cdot \frac{1}{6} \cdot \frac{5}{6} = \left(\frac{1}{6}\right)^2 \left(\frac{5}{6}\right)^3$
- しかし、1の目がでる順番が組み合わせの数だけ存在するから、2回だけ1の目がでる確率は、

$${}_5C_2 \left(\frac{1}{6}\right)^2 \left(\frac{5}{6}\right)^{5-2} = \frac{5!}{2!3!} \cdot \left(\frac{1}{6}\right)^2 \left(\frac{5}{6}\right)^3 = 10 \cdot \left(\frac{1}{6}\right)^2 \left(\frac{5}{6}\right)^3 = 約0.16$$

二項分布

- 独立試行を反復して行うことを考える
- ある事象Aが起きる確率をpとしたとき、この試行をn回行う反復試行において、Aがちょうどr回起こる確率は、

$${}_nC_r p^r (1-p)^{n-r}$$

となる。

- 事象Aが起きる回数をXとしたとき、Xを確率変数とする確率分布は二項分布と呼ばれる。

二項分布$B(n,p)$

X	0	1	...	r	...	n	計
P	${}_nC_0(1-p)^n$	${}_nC_1 p(1-p)^{n-1}$		${}_nC_r p^r(1-p)^{n-r}$		${}_nC_n p^n$	1

　次に二項分布について説明していきますが、まず、このサイコロの例について考えてみます。

　今、サイコロを5回投げて、2回だけ1の目が出たとします。この確率を考えてみましょう。例えば、このスライドの図にあるような順番で1がでたとします。最初が1以外、次が1、次が1以外、次が1、次が1以外となったとします。すると、全体の確率は$\frac{5}{6} \cdot \frac{1}{6} \cdot \frac{5}{6} \cdot \frac{1}{6} \cdot \frac{5}{6} = \left(\frac{1}{6}\right)^2 \left(\frac{5}{6}\right)^3$となります。しかし、1の目がでる順番が組み合わせの数だけ存在するから、2回だけ1の目がでる確率は、${}_5C_2 \left(\frac{1}{6}\right)^2 \left(\frac{5}{6}\right)^{5-2} = \frac{5!}{2!3!} \cdot \left(\frac{1}{6}\right)^2 \left(\frac{5}{6}\right)^3 = 10 \cdot \left(\frac{1}{6}\right)^2 \left(\frac{5}{6}\right)^3 = 約0.16$となります。

　先ほどの例は「サイコロ1の目がでる」事象が2回起こる確率でしたが、これを「サイコロ1の目がでる」事象がX回起こるとしたときのXを確率変数とする確率分布を考えてみます。

　まず、独立試行を反復して行うことを考えます。ある事象Aが起きる確率をpとしたとき、この試行をn回行う反復試行において、Aがちょうどr回起こる確率は、${}_nC_r p^r (1-p)^{n-r}$となります。

　事象Aが起きる回数をXとしたとき、Xを確率変数とする確率分布が二項分布と呼ばれます。ここで注意してほしいのは、試行回数nや事象Aの確率pは定数として与えられ、確率変数となるのは「事象Aが起きる回数」となることです。また、Xの値は0からnまで取りうることと、0からnまでの確率を合計すると1になることに注意してください。

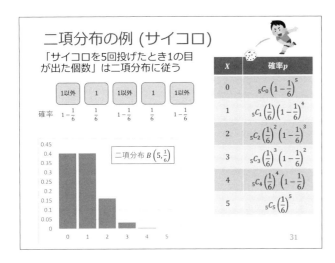
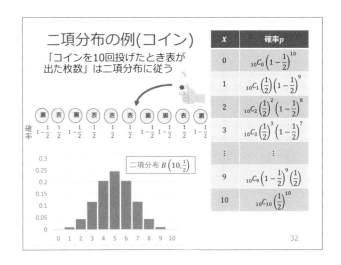

これはさきほどのサイコロの1の目がでる回数の確率分布の例になります．サイコロを5回投げたとして，そのうち1の目がX回だけでる確率分布を求めます．これは二項分布になっていて，各$X = 0$から5までの確率はそれぞれこの表に書かれた確率となります．$X = r$としたとき，その確率は組み合わせの数 $\times \left(\dfrac{1}{6}\right)^r \times \left(\dfrac{5}{6}\right)^{5-r}$ となります．

次にコインの例です．表と裏のでる確率が等しく $\left(p = \dfrac{1}{2}\right)$，このコインを10回投げた場合の表がでる回数の確率分布が二項分布となります．$X = r$としたとき，その確率は，組み合わせの数 $\times \left(\dfrac{1}{2}\right)^r \times \left(\dfrac{1}{2}\right)^{10-r}$ 乗なので，この場合 ($p = \dfrac{1}{2}$ の場合) は，組み合わせの数 $\times \left(\dfrac{1}{2}\right)^{10}$ となります．この二項分布はこのグラフのように分布します．

二項分布の期待値と分散

○ 確率変数Xが二項分布$B(n, p)$に従うとき、

- $E(X) = np$
- $V(X) = np(1 - p)$

○ 演習

- 1個のサイコロを90回投げて、2以下の目がでる回数をXとする。Xの期待値と分散を求めよ。

33

二項分布の期待値と分散

○ 確率変数Xが二項分布$B(n, p)$に従うとき、

- $E(X) = np$
- $V(X) = np(1 - p)$

○ 演習

- 1個のサイコロを90回投げて、2以下の目がでる回数をXとする。Xの期待値と分散を求めよ。

(解答例)

2以下の目がでる確率は$\frac{1}{3}$。Xは二項分布$B\left(90, \frac{1}{3}\right)$に従うから、

$$E(X) = 90 \cdot \frac{1}{3} = 30$$

$$V(X) = 90 \cdot \frac{1}{3} \cdot \frac{2}{3} = 20$$

34

二項分布 $B(n, p)$ の重要な性質として，その期待値 $E(X)$ は，np となり，分散 $V(X)$ は $np(1 - p)$ となることです．次の問題を解いてみましょう．1 個のサイコロを 90 回投げて，2 以下の目がでる回数を X とする．X の期待値と分散を求めよ．

2 以下の目がでる確率は $\dfrac{1}{3}$．X は二項分布 $B\left(90, \dfrac{1}{3}\right)$ に従うので，$E(X) = 90 \cdot \dfrac{1}{3} = 30$，$V(X) = 90 \cdot \dfrac{1}{3} \cdot \dfrac{2}{3} = 20$ となります．

正規分布 (ガウス分布)

○ 正規分布(ガウス分布)
- 統計学で最もよく使われる標準的なベル型の確率分布
- 平均をμ、分散をσ^2としたときの確率密度関数

$$f(x) = \frac{1}{\sqrt{2\pi}\sigma} e^{-\frac{(x-\mu)^2}{2\sigma^2}}$$

- Xは正規分布$N(\mu,\sigma^2)$に従うという。

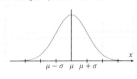

正規分布の性質

○ Xは正規分布$N(\mu,\sigma^2)$に従うとき、
- $P(\mu-\sigma \leq X \leq \mu+\sigma) = 0.6827$
- $P(\mu-2\sigma \leq X \leq \mu+2\sigma) = 0.9545$
- $P(\mu-3\sigma \leq X \leq \mu+3\sigma) = 0.9973$

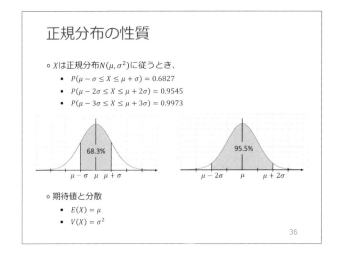

○ 期待値と分散
- $E(X) = \mu$
- $V(X) = \sigma^2$

最後に確率分布として有名な正規分布について紹介します．正規分布はガウス分布とも呼ばれます．

正規分布は統計学で最もよく使われる標準的なベル型の確率分布です．平均をμ，分散をσ^2としたときの正規分布の確率密度関数はスライド中央の式のように表されます．確率分布の形はスライド下のグラフのようになっています．この分布に従うとき，確率変数Xは正規分布$N(\mu,\sigma^2)$に従うといいます．

確率変数Xが正規分布$N(\mu,\sigma^2)$に従うとき，$\pm\sigma$ (プラスマイナス1シグマ) の範囲に出現する確率は0.6827，$\pm2\sigma$ (プラスマイナス2シグマ) の範囲に出現する確率は0.9545，$\pm3\sigma$ (プラスマイナス3シグマ) の範囲に出現する確率は0.9973となります．正規分布の期待値$E(X)$はμと等しく，分散はσ^2と等しくなります．

> ○2週間後までにmoodle上の
> 課題を解いてください
>
> 37

　Moodle 上のレポート課題について 2 週間後までに解いて提出するようにして
ください.

第6回

統計解析の基礎（3）── 推定・検定

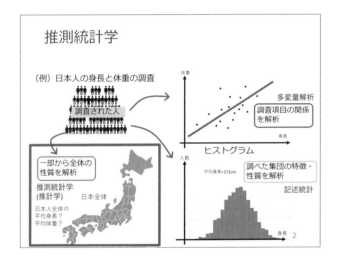

　今回の基礎情報科学は，統計解析の基礎シリーズの第3回です．統計解析の基礎シリーズは今回でおわりになります．
　今日は，推定と検定について学びます．最初に母集団と標本について，続いて，推定，検定，最尤推定について学びます．推定では，標本平均の分布と母平均の推定，信頼区間について学びます．検定では仮説検定と帰無仮説，両側検定と片側検定について学びます．

　統計学には，記述統計，多変量解析，推測統計学があると説明しましたが，今回は推測統計学について学びます．推測統計学では，例えば，一部の日本人の身長データから日本人全体の身長を推測するように，一部から全体の性質を調べることを行います．

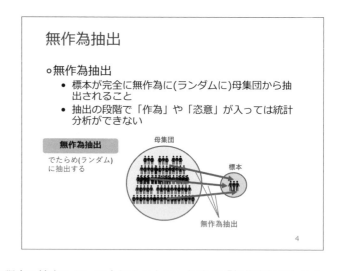

　全体の性質を調べる方法として，2つのやり方があります．一つは，全数調査で，文字通り，対象全体からデータを集めて調べる方法です．全数調査は誤差なく正確な結果が得られる反面，膨大な費用や手間がかかるという欠点があります．国勢調査などがそれにあたります．

　もう一つは標本調査と呼ばれる調査方法で，対象全体からその一部を抜き出して調べる方法です．このとき，調査の対象全体のことを「母集団」といいます．母集団から抜き出された一部のことを「標本」といいます．抜き出すことを「抽出」もしくは「サンプリング」といいます．全数調査に比べて手間や費用がかからないという利点がありますが，標本の選び方による誤差 (標本誤差) が生じてしまいます．また，標本は偏りが無いように選ぶ必要があります．

　標本調査の抽出において大切なことは，標本が「無作為抽出」になっているということです．無作為抽出とは，標本が完全に無作為に (ランダムに) 母集団から抽出されることです．抽出の段階で作為や恣意が入ってはきちんとした統計分析ができません．

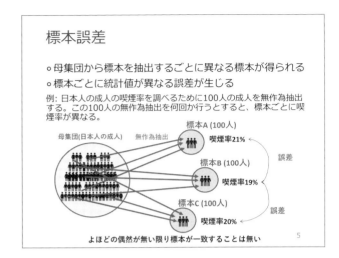

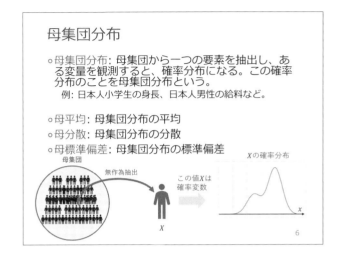

　標本抽出においては，母集団から標本を抽出する，ということになりますが，抽出するごとに異なる標本が得られます．この標本ごとに異なる性質が得られることを「標本誤差」と言います．例えば，日本人の成人の喫煙率を調べるために100人の成人を無作為抽出したとします．すると，標本として選んだ100人ごとに，喫煙率が異なっています．よほどの偶然がない限り，異なる標本が同一の値になることはありません．

　この無作為抽出を複数回行うことで，同じ母集団から複数の標本が得られる，ということと，それらには標本誤差があるということに注意してください．

　従って，推測統計学では，標本から母集団の性質を調べることが目的ということになります．

　まず，母集団について，いくつかのキーワードがありますので説明します．まず，「母集団分布」についてです．母集団から一つの要素を抽出し，ある変量を観測すると，確率分布になります．この確率分布のことを「母集団分布」といいます．例えば，日本人小学生の身長とか，日本人男性の給料などがあります．

　次に，この母集団分布の平均のことを母平均と言います．同様に，母集団分布の分散のことを母分散と言います．母集団分布の標準偏差のことを母標準偏差といいます．

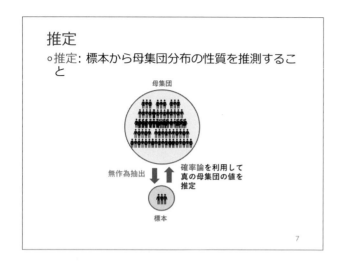

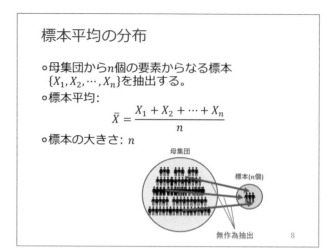

　母集団から無作為に抽出することで確率論を利用することができ，確率論を利用して真の母集団の値を推定することができます．標本から母集団分布の性質を推測することを「推定」といいます．

　母集団から抽出することで，標本が一つ得られます．その標本が n 個の要素 $X_1, X_2, \ldots, X_n$ からできているとします．そのとき，これらの平均のことを「標本平均」といいます．計算の仕方は普通の平均と同じで X_1 から X_n までの総和を標本の大きさ n で割ってあげることで求まります．標本の要素数のことを標本の大きさと言います．

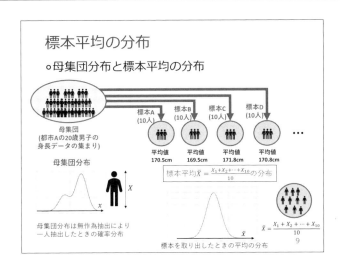

すくもっとでこぼこした母集団分布を頭で思い描いてください．右側の確率分布は「標本平均の確率分布」です．正規分布の形に近く，いびつな形をしていません．母平均近くにきれいに分布しています．ここでは「母集団から10人抽出したときの標本の平均」の分布を表します．先ほど10人分の標本を何回も抽出してそれぞれの平均をとることを説明しましたが，その平均がどのあたりにどれぐらいばらついて得られるかという分布をあらわしたのが右側の「標本平均の分布」です．

母集団から得られる標本の性質について説明します．今ここで，ある都市 A の 20 歳男子の身長データの集まりを母集団とします．このとき，10 人分の標本抽出を何回か繰り返すことを考えます．ここで重要なのは，実際に標本調査をするときは 1 回しか標本抽出を行わないかもしれませんが，仮に，何回も母集団から標本を抽出する行為を繰り返すとどうなるか，ということを考えることです．すると，標本がいくつかスライドの図のように得られます．最初の標本は例えば，平均値 170.5 cm，次の標本は 169.5 cm，次は 171.8 cm と，母集団から抽出される要素が異なるために，それぞれの標本の平均値 (標本平均) が異なることがわかると思います．この「標本平均」も確率分布となっていて，標本平均の平均 (期待値) と分散があります．

このあたりは特に勘違いしたり間違って理解することが多く，統計学を勉強する上でよくつまづくところですので，注意してよく理解してください．ここで，今，この問題を考えたときに，二つの確率分布がすでに登場していることに気づいているでしょうか．このスライドの左側の確率分布と右側の確率分布です．似たような確率分布のような気がしますが，異なる確率分布ですので，注意してください．まず，左側の確率分布は，「都市 A に住む 20 歳男子の確率分布」です．これは母集団分布そのものです．右と左で似たような確率分布ですが，わかりや

> ### 標本平均の分布
>
> ○ 各要素の抽出は母集団分布(母平均μ、母分散σ^2)に従うため、
> $$E(X_1) = E(X_2) = \cdots = E(X_n) = \mu$$
> $$V(X_1) = V(X_2) = \cdots = V(X_n) = \sigma^2$$
>
> ○ 標本平均の期待値
> $$E(\bar{X}) = E\left(\frac{X_1 + \cdots + X_n}{n}\right) = \frac{1}{n}\{E(X_1) + \cdots + E(X_n)\} = \frac{1}{n}n\mu = \mu$$
>
> ○ 標本平均の分散
> $$V(\bar{X}) = V\left(\frac{X_1 + \cdots + X_n}{n}\right) = \frac{1}{n^2}\{V(X_1) + \cdots + V(X_n)\} = \frac{1}{n^2}n\sigma^2 = \frac{\sigma^2}{n}$$
>
> ○ 標本平均の標準偏差
> $$S(\bar{X}) = \sqrt{V(\bar{X})} = \frac{\sigma}{\sqrt{n}}$$
>
> 10

標本平均の分布は，母集団から抽出して得られる確率分布ですが，母集団分布とは異なることに注意しましょう．

続いて，標本平均と母集団分布との関連性について説明します．まず，各要素について，各要素の抽出は母集団分布 (母平均 μ, 母分散 σ^2) に従うため，抽出される各要素の期待値は母平均と等しくなり，分散は母分散と等しくなります．つまり，$E(X_1) = E(X_2) = \cdots = E(X_n) = \mu$, $V(X_1) = V(X_2) = \cdots = V(X_n) = \sigma^2$ となります．

標本平均ですが，これは標本が n 個からできていて，その平均を求めているとすると，その標本平均の期待値は，$E(\overline{X}) = E\left(\dfrac{X_1 + \cdots + X_n}{n}\right)$ となります．これは前回勉強した期待値の性質から，

$$E\left(\frac{X_1 + \cdots + X_n}{n}\right) = \frac{1}{n}\{E(X_1) + \cdots + E(X_n)\}$$

となりますから，$\dfrac{1}{n}n\mu = \mu$ となって，「標本平均の確率分布」の期待値は母平均と一致することがわかります．つまり，標本平均は母平均と一致することが期待されるわけです．

次に標本分散ですが，その標本平均の分散は $V(\overline{X}) = V\left(\dfrac{X_1 + \cdots + X_n}{n}\right)$

となって，それぞれ無作為に抽出される (独立に抽出される) ため，分散の性質から，

$$V\left(\frac{X_1 + \cdots + X_n}{n}\right) = \frac{1}{n^2}\{V(X_1) + \cdots + V(X_n)\}$$

となります．$\dfrac{1}{n^2}n\sigma^2 = \dfrac{\sigma^2}{n}$ となって，標本平均の分散は母分散と一致するわけではなく，母分散を標本の大きさ n で割った数となります．これはすなわち，標本の大きさが大きければ大きいほど，標本平均は，母平均のあたりになりやすくなる，ということが言えます．

標本平均の標準偏差は $S(\overline{X}) = \sqrt{V(\overline{X})} = \dfrac{\sigma}{\sqrt{n}}$ となります．

演習: 標本平均の期待値と分散

○母平均60、母分散25の十分大きい母集団から大きさ50の標本を抽出するとき、その標本平均$\bar{X}$について、期待値と分散を求めよ。

11

演習: 標本平均の期待値と分散

○母平均60、母分散25の十分大きい母集団から大きさ50の標本を抽出するとき、その標本平均$\bar{X}$について、期待値と分散を求めよ。

(解答例)
$$E(\bar{X}) = 60$$
$$V(\bar{X}) = \frac{25}{50} = 0.5$$

12

次に標本平均の期待値と分散を計算してみましょう. (約2分). PC や電卓を用いてかまいません.

標本平均の期待値は母平均と一致するので，60. 標本平均の分散は母分散割る標本の大きさなので，$\frac{25}{50} = 0.5$ となります.

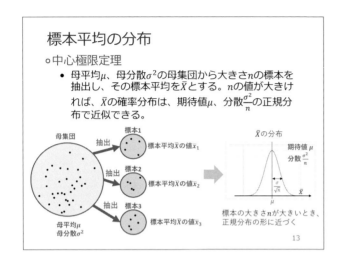
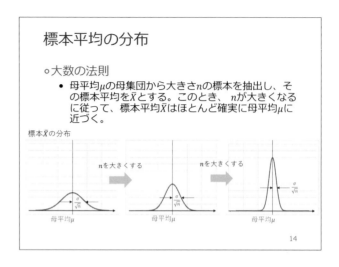

「標本平均」の確率分布はどのような形になっているのでしょうか．今までの議論で，その「標本平均」の平均 (期待値) は母平均と等しくなることや，「標本平均」の分散は母分散を標本の大きさで割ったものであることがわかりました．ここで「標本平均」の確率分布の形について議論します．天下り的ですが，中心極限定理という定理があります．これは，母平均 μ, 母分散 σ^2 の母集団から大きさ n の標本を抽出し，その標本平均を $\overline{X}$ としたとき，n の値が大きければ，$\overline{X}$ の確率分布は，期待値 μ, 分散 $\dfrac{\sigma^2}{n}$ の正規分布で近似できる，というものです．

図でみると全体の流れがわかりやすくなると思います．母集団には母平均と母分散があります．そこから抽出される標本は何回も標本を作ることができて標本平均は確率分布となります．この標本平均の確率分布は，標本の大きさ n が十分に大きい時，正規分布で近似できるということです．従って，もとの母集団分布がどんな形であっても，その標本平均は，n が十分に大きい時，正規分布 $\left(母平均, \dfrac{母分散}{標本の大きさ}\right)$ に従う，ということです．

従って，標本平均は正規分布に従うことが中心極限定理よりわかりましたが，この定理より，n が大きくなるにつれて，標本平均はほとんど確実に母平均に近づいていく，ということもわかります．スライド左が n が小さいときの分布で，この場合，母平均のまわりにばらついて標本平均が得られるため，母平均と標本平均がずれている可能性が高いことがわかります．n が大きくなるにつれて，分布の幅が小さくなって，ほぼ確実に標本平均は母平均になることがわかると思います．このことを大数の法則といいます．

母集団と標本と標本平均の関係

○ 3種類の平均と分散があることに注意

母平均 μ　標本平均 $\overline{X}$　標本平均の期待値 μ
母分散 σ^2　標本分散 S^2　標本平均の分散 $\dfrac{\sigma^2}{n}$

15

母平均の推定

標本平均の性質がわかったところで、母平均の推定について考えていきます。

○ 中心極限定理より、十分大きな大きさの標本平均は正規分布に従う。

○ 標本平均の期待値と分散と標準偏差

$$E(\overline{X}) = \mu$$

$$V(\overline{X}) = \frac{\sigma^2}{n}$$

$$S(\overline{X}) = \sqrt{V(\overline{X})} = \frac{\sigma}{\sqrt{n}}$$

16

　ここまでで母集団分布と標本平均について理解できたでしょうか．今までで3種類の平均と分散がでてきましたが，気づいたでしょうか．推測統計学が難しくなる理由の一つは，このように似たような平均や分散がたくさんでてくることだと思います．

　まず，母集団の母平均と母分散があります．これは元々調査したい母集団の分布に関する平均と分散ですので，これはそんなに難しくないと思います．

　次に，この母集団から n 個の要素からなる標本を抽出することを考えます．得られた標本の平均と分散が存在して，標本平均 $\overline{X}$ と標本分散 S^2 です．この標本平均 $\overline{X}$ は確率分布になっていて，この確率分布にも平均 (期待値) と分散が存在します．この $\overline{X}$ の確率分布が中心極限定理より n が大きなときに正規分布に近づく，ということがわかっています．また，「標本平均」の期待値 (平均) は母平均 μ と等しく，「標本平均」の分散は母分散 σ^2 を標本の大きさ n で割ったものになります．

　ここまでで，標本平均の性質について勉強しました．

　次に，母平均の推定について勉強していきます．標本が得られたときに母平均がいくつぐらいになるかということを推定します．今までの議論より，中心極限定理から，十分な大きさの標本平均は正規分布に従うことがわかっています．また，標本平均の期待値と分散と標準偏差は次のようになります．

$$E(\overline{X}) = \mu$$

$$V(\overline{X}) = \frac{\sigma^2}{n}$$

$$S(\overline{X}) = \sqrt{V(\overline{X})} = \frac{\sigma}{\sqrt{n}}$$

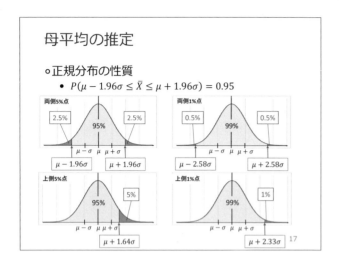

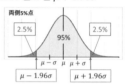

　従って，母平均はいくつか，と聞かれたら，標本平均 $\overline{X}$ をそのまま答えればとりあえずの解答にはなるのですが，正規分布に従うことがわかれば，どれぐらいの確信度でその標本平均が母平均に近いか，答えることができます．

　まず，先ほどの標本平均が正規分布に従う，ということから，得られた標本平均 $\overline{X}$ が母平均の $\pm 1.96\sigma$ の範囲に入る確率は，$P(\mu - 1.96\sigma \leq \overline{X} \leq \mu + 1.96\sigma) = 0.95$ となります．

　95%の確率で $\overline{X}$ が存在する範囲が $\mu - 1.96\sigma \leq \overline{X} \leq \mu + 1.96\sigma$ となりますので，式を変形して，信頼度 95%で，推定式 $\overline{X} - 1.96\sigma \leq \mu \leq \overline{X} + 1.96\sigma$ が成り立ち，この区間のことを信頼区間と言います．

母平均の推定

○母標準偏差(や母分散)がわからないとき
- 標本の大きさnが十分に大きいときは、母標準偏差σの代わりに標本の標準偏差Sを用いても差し支えないことが知られている。

19

演習: 母平均の推定

○小学生2500人の小遣いについて調査したところ、平均が3000円、標準偏差が5000円でした。95%の確かさで全国の小学生の小遣いの平均を推定しよう。

20

しかし，母分散や母標準偏差がわかるぐらいなら苦労はしないわけで，一般には母分散も母標準偏差も手にはいりません．しかし，母標準偏差や母分散がわからないとき，標本の大きさ n が十分に大きなときは，母標準偏差 σ の代わりに標本の標準偏差 S を用いても差し支えないことが知られています．従って，ここでは母標準偏差の代わりに標本標準偏差を用いることにします．

母平均の推定の演習です．(約 3 分)．PC や電卓を用いて構いません．

演習解答例: 母平均の推定

○ 小学生2500人の小遣いについて調査したところ、平均が3000円、標準偏差が5000円でした。95%の確かさで全国の小学生の小遣いの平均を推定しよう。

(解答例)

母標準偏差＝標本の標準偏差とすると、

$$\bar{X} - 1.96\sigma \leq \mu \leq \bar{X} + 1.96\sigma$$

であるから、

$$3000 - 1.96 \times \frac{5000}{\sqrt{2500}} \leq \mu \leq 3000 + 1.96 \times \frac{5000}{\sqrt{2500}}$$

よって、

$$2804 \leq \mu \leq 3196$$

検定

○ 検定: 実験の正しさなど、仮説や理論の正しさを統計的に確かめること。

○ 検定の難しさ

- 眼の前で起きたことが、ただの偶然なのか、それともそうではなく何らかの意味があることなのか、実験データだけから判断することは難しい

※前提となる理論によって、偶然とも言えるし、意味のあることとも言えてしまうから

→ 仮説をたてて、その仮説が間違っているかどうかを確率的に判断することはできる

母平均の推定の演習解答例です．信頼度 95%の信頼区間は $\bar{X} - 1.96\sigma \leq \mu \leq \bar{X} + 1.96\sigma$ となります．ここで，母標準偏差 ＝ 標本の標準偏差 とすると，$3000 - 1.96 \times \frac{5000}{\sqrt{2500}} \leq \mu \leq 3000 + 1.96 \times \frac{5000}{\sqrt{2500}}$ となるので，$2804 \leq \mu \leq 3196$ となります．

ここまでで，推測統計学の大きなトピックである推定と検定のうち，推定がおわりました．次に残った大きなトピックである検定について勉強します．

検定は，実験の正しさなど，仮説や理論の正しさを統計的に確かめることです．

検定の難しさは，眼の前で起きたことが，ただの偶然なのか，それともそうではなく何らかの意味があることなのか，実験データだけから判断することは難しいことです．前提となる理論によって，偶然とも言えるし，意味のあることとも言えてしまうからです．しかし，仮説をたてて，その仮説が間違っているかどうかを確率的に判断することはできます．

仮説検定 (統計的検定、統計的有意差検定)

- 仮説検定: 母集団について仮定された命題(仮説)に対し、標本に基づいてその有意性を検定すること。

- 有意 (significant): 仮説に基づく理論値と標本に基づく実験値の差が偶然や誤差の範囲内ではない、それ以上の何らかの意味のある差であること。

仮説検定の問題点

- 仮説が正しそうだと判定されたとしても、、、
  - 仮説が正しいから
  - 標本の大きさが不十分だったから

という２つの理由がありえるため、本当に仮説が正しかったのかどうかわからない。

　母集団について，仮定された命題 (仮説) に対し，標本に基づいてその有意性を検定することを仮説検定もしくは統計的検定，統計的有意差検定と言います．

　仮説に基づく理論値と標本に基づく実験値の差が偶然や誤差の範囲内ではない，それ以上の何らかの意味のある差であることを「有意」である，「有意差がある」と言います．

　しかし，仮説検定には問題点があります．

　仮説が正しそうだと判定されたとしても，それには，仮説が正しいからそのように判定された場合と，標本の大きさが不十分だったからそのように判定されてしまった場合がありえます．従って，仮説に対してその確率を求めて有意差があるかどうか調べてもこのままではどちらの理由で有意なのかわからない，ということになります．

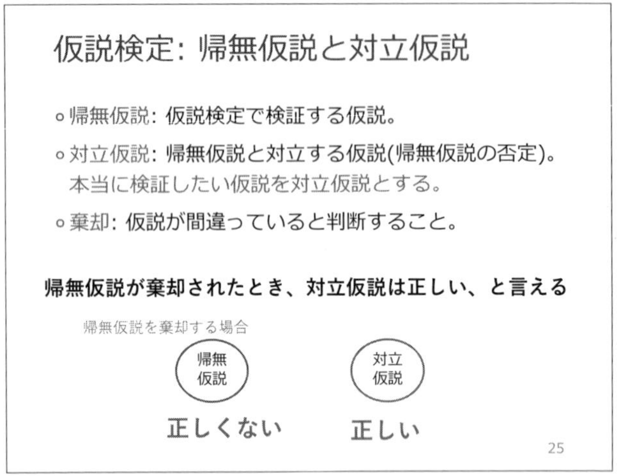

仮説検定: 帰無仮説と対立仮説

○ 帰無仮説: 仮説検定で検証する仮説。

○ 対立仮説: 帰無仮説と対立する仮説(帰無仮説の否定)。
  本当に検証したい仮説を対立仮説とする。

○ 棄却: 仮説が間違っていると判断すること。

帰無仮説が棄却されたとき、対立仮説は正しい、と言える

帰無仮説を棄却する場合

（帰無仮説）　　　（対立仮説）

正しくない　　　正しい

25

仮説検定: 帰無仮説と対立仮説

しかし、帰無仮説が棄却されなかったときは、帰無仮説は正しいとも正しくないとも言えない。

帰無仮説を棄却できなかった場合

（帰無仮説）　　　（対立仮説）

どちらが正しいとも言えない

従って、本当に検証したい仮説を対立仮説にすると良い。

26

　そこで，その問題を解決するために，帰無仮説と対立仮説をたてる，という方法が使われています．帰無仮説は，仮説検定で検証する仮説です．対立仮説は，帰無仮説と対立する仮説で，帰無仮説の否定となります．ここで，重要なのは，本当に検証したい仮説を対立仮説とすることです．

　仮説が間違っていると判断することを，「棄却」と言いますが，帰無仮説が棄却されたとき，対立仮説は正しい，と言えるようになります．下の図のような関係になります．帰無仮説が正しくないと判断されたとき，つまり，棄却されたとき，その否定である対立仮説が正しい，として，対立仮説の正しさを検定することになります．

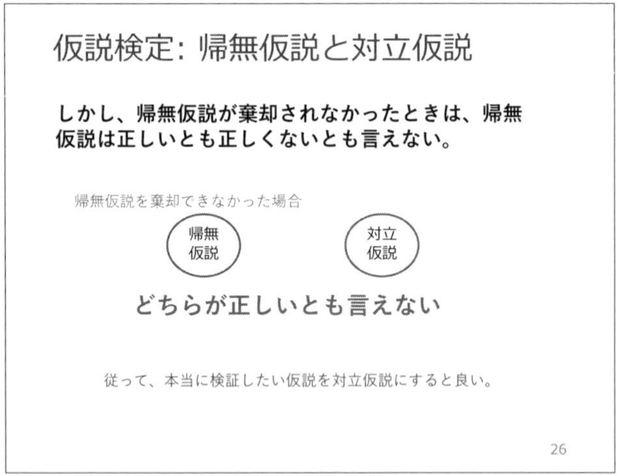

　帰無仮説が棄却されなかたっときはどうなるでしょう？帰無仮説が棄却されなかったときは，帰無仮説は正しいとも正しくないとも言えません．従って，帰無仮説と対立仮説のどちらが正しいか言えない，ということになります．従って，本当に検証したい仮説を対立仮説にすると良い，ということになります．

仮説検定の例

○ コインを8回投げたときに、表が1回、裏が7回でたとする。

○ 帰無仮説: このコインに歪みはない。
○ 対立仮説: このコインは裏がでやすい。

① 帰無仮説 (否定したい仮説) を仮に認める
② 対立仮説 (本当に検証したい仮説) を提案

仮説検定の例

○ 帰無仮説が正しいとすると、コインの裏のでる回数は二項分布 $B(8, 0.5)$ となる。

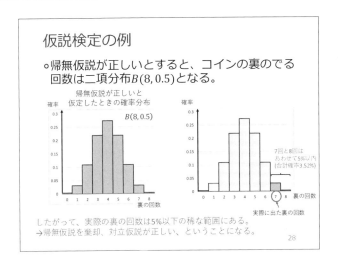

したがって、実際の裏の回数は5%以下の稀な範囲にある。
→帰無仮説を棄却、対立仮説が正しい、ということになる。

仮説検定の例です．コインを8回投げたときに，表が1回，裏が7回でたとします．これは非常にあやしいです．従って検定する人はこのコインは裏がでやすいのでは，ということを検定したいとします．そうすると，帰無仮説は「このコインに歪みはない」となって，対立仮説は本当に検証したい「このコインは裏がでやすい」という仮説になります．

帰無仮説が正しいとすると，コインの裏のでる回数は二項分布 $B(8, 0.5)$ となります．つまりスライド左のグラフのように分布していることになります．この仮説が正しいとすると，検定している人が主張する対立仮説の事象はこの裏の回数7回以上の事象が起きたことに相当します．しかし，7回以上の確率は，7回と8回の確率をあわせても 3.52% しかないので，裏が7回でたというのは5%以下の稀な事象だということがわかります．従って，帰無仮説は正しくない，つまり，対立仮説が正しい，ということになります．

仮説検定: 有意水準と棄却域

- 有意水準: 帰無仮説の検定において、「稀」と判断する基準のこと。通常5%や1%が設定される。$\alpha = 0.05$ というふうに書くことが多い。

- 棄却域: 帰無仮説の検定において、有意水準以下の確率で起こる値の範囲。帰無仮説が棄却される範囲。

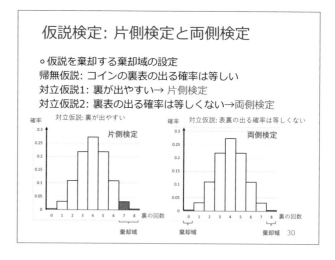

仮説検定: 片側検定と両側検定

- 仮説を棄却する棄却域の設定

帰無仮説: コインの裏表の出る確率は等しい
対立仮説1: 裏が出やすい → 片側検定
対立仮説2: 裏表の出る確率は等しくない → 両側検定

このように帰無仮説の検定において，「稀」と判断する基準が必要になります．通常5%や1%が設定されることが多く，この基準のことを「有意水準」と言います．$\alpha = 0.05$ というふうに書くことが多いです．

帰無仮説の検定において，有意水準以下の確率で起こる値の範囲のことを「棄却域」と言います．帰無仮説が棄却される範囲のことになります．

仮説検定は仮説を棄却する棄却域の設定によって，片側検定もしくは両側検定と呼ばれます．片側検定では棄却域が分布の片側にしか設定されず，両側検定では棄却域が分布の両側に設定されます．どちらの検定を設定するかは，示したい対立仮説によって決まってきます．先ほどのコインの場合，帰無仮説は「コインの裏表の出る確率は等しい」となりますが，対立仮説として「裏がでやすい」ことを示したい場合は片側検定となりますし，対立仮説として「裏表の出る確率は等しくない」ことを示したい場合は両側検定となります．示したいことによって，その棄却域が変化することに注意しましょう．

仮説検定のその他の例

○ 薬剤

帰無仮説: 新しく開発された風邪薬は効き目がない。

対立仮説: 新しく開発された風邪薬は効き目がある。

帰無仮説: 新しく開発された薬剤は従来薬より有効とは言えない。

対立仮説: 新しく開発された薬剤は従来薬より有効である

○ 読書時間

帰無仮説: 男女の間で読書時間に差はない。

対立仮説: 男女の間で読書時間に差がある。

演習: 仮説検定

○ 2000年の小学5年生の平均身長は148.5cm、分散は7.8^{2}でした。2015年に小学5年生を無作為に100人抽出したところ、その平均身長は149.2cmでした。分散は変わらないと仮定します。身長に変化が起きたかどうか、有意水準5%、片側検定と両側検定でそれぞれ検定をしなさい。

仮説検定の具体例です.

薬剤の例ですが, 新しく開発した風邪薬が有効であることを示したい時, 効き目があるのかどうか, 従来薬よりも有効であるかどうかを示したいときは, このような対立仮説と帰無仮説を設定します.

読書時間の例ですが, 男女間で読書時間に差があることを示したいときは, 帰無仮説として「男女間で読書時間に差はない」として検定をします.

仮説検定の演習をやってみましょう (約 5 分). PC や電卓を用いてかまいません.

棄却域となりますが，この場合でも，149.2 cm は棄却域に入っていないので，帰無仮説を棄却できない，が答えとなります．

演習: 仮説検定

○ 2000年の小学5年生の平均身長は148.5cm、分散は7.8²でした。2015年に小学5年生を無作為に100人抽出したところ、その平均身長は149.2cmでした。分散は変わらないと仮定します。身長に変化が起きたかどうか、有意水準5%、片側検定と両側検定でそれぞれ検定をしなさい。

(解答)
標本平均は中心極限定理より正規分布に従う。

両側検定の場合	片側検定の場合
帰無仮説: 平均身長は148.5である。	帰無仮説: 平均身長は148.5である。
対立仮説: 平均身長は148.5ではない。	対立仮説: 平均身長は148.5より大きい。
$148.5 + 1.96 \times \dfrac{7.8}{10} = 150.0$	$148.5 + 1.64 \times \dfrac{7.8}{10} = 149.8$
よって、帰無仮説を棄却できない。	よって、帰無仮説を棄却できない。

33

仮説検定演習の解答例です．両側検定の場合，

- 帰無仮説: 平均身長は 148.5 である．
- 対立仮説: 平均身長は 148.5 ではない．

となります．ここで平均身長 (母平均) は $\mu = 148.5$ と仮定し，問題文より母分散も 7.8^2 と仮定していることになります．標本平均 $\overline{X}$ が 95% の確率で入る区間は，$\mu - 1.96\sigma \leq \overline{X} \leq \mu + 1.96\sigma$ となりますが，標本平均の分散は，$S\left(\overline{X}\right) = \sqrt{V\left(\overline{X}\right)} = \dfrac{\sigma}{\sqrt{n}}$ となることに注意すると，$\mu - 1.96 \times \dfrac{\sigma}{\sqrt{n}} \leq \overline{X} \leq \mu + \dfrac{\sigma}{\sqrt{n}}$ となります．従って，$148.5 + 1.96 \times \dfrac{7.8}{10} = 150.0$ となりますが，149.2 cm はそれより下なので，帰無仮説を棄却できません．

片側検定の場合，

- 帰無仮説: 平均身長は 148.5 である．
- 対立仮説: 平均身長は 148.5 より大きい．

となります．ここで，標準平均が片側だけで 5% の棄却域を設けることになるので，$\overline{X} \leq \mu + 1.64\sigma$ の区間が 95% の区間となります (p.84 左側，スライド番号 17 を参照)．従って，$148.5 + 1.64 \times \dfrac{7.8}{10} = 149.8$ となり，これより大きな値が

高度な推定: 最尤推定

○最尤推定

- あるデータを観測したとき、そのデータがそこに出現したのは、そのデータが最も確率が高かったから、と考えるやり方

- コインの例：表がでる確率 θ が未知のコインがある。100回投げたところ、62回表がでた。すると、その確率は $\theta^{62}(1-\theta)^{38}$ となる。この確率は $\theta = 0.62$ で最大となるので、θ は 0.62 であったのだろう、と考えるのが最尤推定の考え方である。

34

高度な推定: 最尤推定

○最尤推定

- 観測値 $x_1, \cdots, x_n$ が与えられた時、それぞれが独立に出現したと考えると、その確率はパラメータθの関数になる

$$p(x_1, \cdots, x_n) = \prod_{i=1}^{n} p(x_i; \theta) = l(\theta)$$

※ $\prod_{i=1}^{n} p(x_i; \theta) = p(x_1; \theta)p(x_2; \theta) \cdots p(x_n; \theta)$

- この$l(\theta)$を尤度(likelihood)もしくは尤度関数(likelihood function)と呼ぶ

- 尤度関数を最大化するθを求める
$$\tilde{\theta} = \underset{\theta}{\mathrm{argmax}}\, l(\theta)$$

35

ここから最後のトピックの最尤推定について説明します．統計学において，標本から様々なパラメータを求めることを一般に「推定」もしくは「パラメータ推定」と言います．さきほど勉強した推定では，標本から「母平均」だけしか推定しませんでしたが，統計学においては，母平均だけでなく，確率分布の様々なパラメータを求める方法があります．

いくつかの推定方法がありますが，最も基本的な推定方法は「最尤推定」です．これは，あるデータを観測したとき，そのデータがそこに出現したのは，そのデータが最も確率が高かったから，と考えるやり方です．例えば，コインの例で考えると，表がでる確率 θ が未知のコインがあるとします．この表の出る確率 θ が求めたいパラメータになります．このコインを 100 回投げたところ，62回表がでた，とします．すると，その確率は $\theta^{62}(1-\theta)^{38}$ となるのですが，実は，この確率は $\theta = 0.62$ で最大となります．そこで，θ は 0.62 であったのだろう，と考えるのが最尤推定の考え方です．100 回投げて 62 回表がでたのだから，$\theta = 0.62$ となるのは当たり前のような気がしますが，データ全体の確率を最大化することでパラメータの値が求まるということは非常に不思議なことで，もっと複雑な確率モデルを考えた時でも，与えられたデータ全体の確率を最大化することでそれらのパラメータを求めることができる，ということです．

最尤推定は定式化するとこのようになります．

観測値 $x_1, \ldots, x_n$ が与えられた時，それぞれが独立に出現したと考えると，$p(x_1, \ldots, x_n) = \prod_{i=1}^{n} p(x_i; \theta) = l(\theta)$ となって，その確率はパラメータ θ の関数になります．パイの記号は，総乗記号と呼ばれる記号で，総和記号の掛け算版になります．具体的には，$\prod_{i=1}^{n} p(x_i; \theta) = p(x_1; \theta)p(x_2; \theta) \cdots p(x_n; \theta)$ となります．

このようにしてデータ全体の確率はパラメータ θ の関数となります．この関数のことを尤度 (likelihood) もしくは尤度関数といいます．最尤推定とは，この尤度関数を最大化する θ を求めることにです．式では $\underset{\theta}{\mathrm{argmax}}\, l(\theta)$ とかきます．$\max$ は与えられた関数の最大値を返しますが，argmax は与えられた関数が最大となる引数を返します．

高度な推定: 最尤推定

○最大を求めるために尤度関数の極値を求める
$$\frac{d}{d\theta}l(\theta) = 0$$

○コインの例を解析的に解いてみよう
$$l(\theta) = \theta^{62}(1-\theta)^{38}$$

36

高度な推定: 最尤推定

○最大を求めるために尤度関数の極値を求める
$$\frac{d}{d\theta}l(\theta) = 0$$

○コインの例を解析的に解いてみよう
$$l(\theta) = \theta^{62}(1-\theta)^{38}$$

$$\frac{dl(\theta)}{d\theta} = 62\theta^{61}(1-\theta)^{38} + \theta^{62}\cdot 38(1-\theta)^{37}\cdot -1 = 0$$
$$62\theta^{61}(1-\theta)^{38} = 38\theta^{62}(1-\theta)^{37}$$
$$62(1-\theta) = 38\theta$$
$$\theta = 0.62$$

37

尤度関数の最大値を求めるには，高校までに習った方法と同じで，その極値を求めることでその最大値を求めます．つまり，微分して 0 になる点を求めます．コインの例を解析的に解いてみましょう．(約 5 分)

解答例になります．コインの例の尤度関数を微分するとこのようになり，この値が 0 になるように方程式を作ります．これを解くと $\theta = 0.62$ になることがわかります．

高度な推定: 最尤推定

- 対数尤度(log likelihood)を使うと計算が楽になる
$$\tilde{\theta} = \underset{\theta}{\mathrm{argmax}}\, l(\theta) = \underset{\theta}{\mathrm{argmax}}\, \log l(\theta)$$

- コインの例で解いてみよう
$$\log l(\theta) = \log(\theta^{62}(1-\theta)^{38})$$

38

高度な推定: 最尤推定

- 対数尤度(log likelihood)を使うと計算が楽になる
$$\tilde{\theta} = \underset{\theta}{\mathrm{argmax}}\, l(\theta) = \underset{\theta}{\mathrm{argmax}}\, \log l(\theta)$$

- コインの例で解いてみよう
$$\log l(\theta) = \log(\theta^{62}(1-\theta)^{38})$$
$$\log l(\theta) = 62\log\theta + 38\log(1-\theta)$$
$$\frac{d\log l(\theta)}{d\theta} = 62\frac{1}{\theta} + 38\frac{1}{1-\theta}\cdot -1 = 0$$
$$62(1-\theta) = 38\theta$$
$$\theta = 0.62$$

39

　対数は単調増加の関数なので，尤度関数の対数を最大化しても求めるパラメータは同じになります．尤度の対数のことを対数尤度と言い，最尤推定では対数尤度を最大化することが一般的です．独立試行を考えた時，たくさんの確率の積でデータ全体の確率が表現されます．たくさんの確率の積を微分するとあまり想像したくない大変な数式になることが想像されますが，対数をとることで，これらの式が簡単な形になります．また，確率は小さな値なので，データの数だけ掛け算を繰り返すと，あっという間に計算機で表現できないものすごく小さな数値になってしまいます．そのため，対数を用いて確率を計算することが多いです．コインの例で対数尤度の最大化もやってみましょう．

　この解答はこのようになります．対数は $\log ab$ の形であるとき，足し算に分解することができて，$\log a + \log b$ になります．また，このことから指数も $\log$ の前にもっていくことができます．従って，$\log l(\theta) = 62\log\theta + 38\log(1-\theta)$ となって，これを微分したものを 0 とする方程式を解くと，$\theta = 0.62$ になります．

高度な推定: 最尤推定

○ 正規分布の最尤推定
- 正規分布$N(\mu, \sigma^2)$から抽出された標本を$x_1, \ldots, x_n$とする
- 尤度

$$l(\mu, \sigma^2) = \prod_{i=1}^{n} \frac{1}{\sqrt{2\pi}\sigma} \exp\left[-\frac{(x_i - \mu)^2}{2\sigma^2}\right]$$

- 対数尤度

$$\log l(\mu, \sigma^2) \;\; = \sum_{i=1}^{n} \log \frac{1}{\sqrt{2\pi}\sigma} + \sum_{i=1}^{n}\left[-\frac{(x_i - \mu)^2}{2\sigma^2}\right]$$

$$= -n\log(\sqrt{2\pi}\sigma) - \sum_{i=1}^{n} \frac{(x_i - \mu)^2}{2\sigma^2}$$

μとσ^2についてそれぞれ偏微分すれば、同じようにμとσ^2の推定ができる

○ 2週間後までにmoodle上の課題を解いてください

正規分布を仮定した標本が与えられたときに，そのパラメータ (μ, σ^2) を求めることができます．標本を $x_1, \ldots, x_n$ とすると，標本全体の確率 (尤度) はスライドの上側の式のようになります．標本全体の確率が掛け算で計算されていることがわかります．これをパラメータで微分すれば良いのですが，このままでは微分するのが大変であることがわかります．この対数尤度を求めると，総乗記号が総和記号になってデータ全体では各要素の対数尤度の総和になっていることがわかります．さらに，正規分布の exp と log が打ち消し合ったり，項に分解されたりして，非常に簡単な形の式になることがわかります．正規分布の場合パラメータが二つあるので，そのままでは微分できませんが，数学の授業で偏微分を習えば，この式をそれぞれのパラメータで偏微分をして μ, σ^2 の推定ができるようになります．

2週間後までに moodle 上の課題を解いてください．

第 7 回

人工知能の基礎（1）——人工知能概論

基礎情報科学第 7 回と第 8 回は人工知能の基礎について学びます．

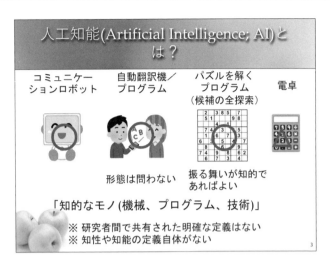

人工知能には明確な定義がありませんが，大雑把には「知的なモノ(機械，プログラム，技術)」のことを人工知能といいます．

様々な人工知能の応用が現在期待されています．将棋，囲碁などのゲームはものすごく強い人工知能が開発されていますし，現在は，医療診断，家事手伝いロボット，対話ロボット，証券取引，融資判断など様々な用途に使われようとしています．また，工業用途だけでなく，絵を描いたり，作曲したり，文章を書いたりといった作品の生成に応用されることが考えられています．ここ数年は自動運転技術が発達してきて，自動運転における認識技術などにも人工知能技術が活用されています．

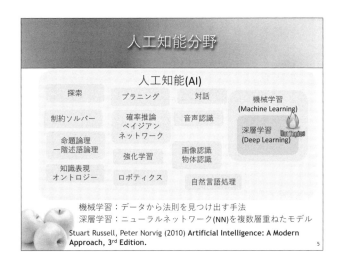
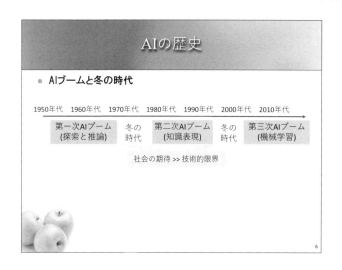

学問分野としてみたとき，人工知能は，実は非常に広い学問領域を指しています．このスライドの図が人工知能領域の全体なのですが，探索，制約ソルバー，論理，知識表現，プランニング，確率推論，強化学習，ロボティクス，対話，音声認識，画像認識，物体認識，自然言語処理などたくさんの部分領域があります．今，人工知能技術として世間一般に認識されているのは実は，スライド右にある機械学習という領域のさらに内側の深層学習 (deep learning) という学問領域になります．全体からみると世間で騒がれている深層学習というのは人工知能全体からみると実はほんの一部であることがよくわかります．ただ，深層学習は非常に強力な学習推論機能をもっていて，自然言語処理やロボティクスなど様々な他の人工知能領域に活用されています．従って，深層学習そのものはほんの一部かもしれませんが，人工知能領域全体で活用されて全体に広がっている，ともみることができます．

人工知能 (AI) は今まで 3 度のブームがありました．ブームの間は人工知能技術に社会的期待が大きくかかるのですが，その時点での技術的限界を期待が超えてしまうことになり，ブームの後は冬の時代と呼ばれる低調な時代を迎えています．今，第 3 次 AI ブームと呼ばれていますが，今後どうなるかはまだよくわかっていません．このまま伸び続けるという人もいますし，AI ブームが終わってまた冬が来そうだ，という人もいます．

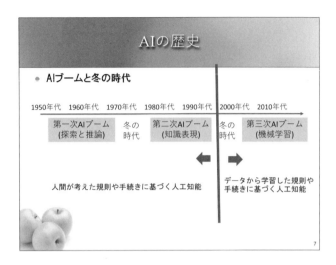

今は第3次 AI ブームとなりますが，それまでの AI ブームとは大きく異なっています．第1次，第2次 AI ブームは基本的には人間が考えた規則や手続きに基づく人工知能を実現していました．おおよそ 90 年代や 00 年代から，データから学習した規則や手続きに基づく人工知能が開発され，第3次 AI ブームが始まったと言われる 10 年代は，深層学習を中心とした技術が発達しています．従って，以前の人工知能技術は規則や手続きに基づくものが多かったのですが，現在の人工知能技術はデータからの学習に基づく技術となっています．

第2次 AI ブームを支えた大きな技術としては記号論理に基づく人工知能があります．様々な知識や推論規則を記号論理で表現し，これらの知識と推論規則を用いる自動証明によって知的推論を実現しようとしていました．これらの記号論理で記述された知識や推論規則は知識ベースと呼ばれています．しかし，記号論理は，不確実な推論や例外的な知識を表現することが難しいことから衰退してしまいました．例えば，「風吹けば桶屋が儲かる」のような推論が成り立ってしまうという問題や，白いカラス，青いリンゴ，ペンギン (飛べない鳥) などを扱えないという問題があり，根本的に解決することは難しいと考えられています．

規則や手続きに基づく人工知能

- **単語分割の問題**
  - 日本語や中国語にはスペースのような単語区切り記号が存在しないため、自動的に単語に分割する必要がある
    - 「すもももももももものうち」→「すもも も もも も もも の うち」
- **最長一致法**
  - 辞書を用いて、辞書中の単語と可能な限り最長一致する単語を選ぶ
  - 単純には左から順に最長一致の単語を見つけて、それを単語分割の単語とする
- **単語数最小法、文節数最小法**
  - 文中の単語数/文節数が最小になるように単語分割の単語を選ぶ。これらの手法は辞書を用いるが、学習用データ(ただの文書や単語区切りの正解付き文書)は必要としていない

合理主義 vs 経験主義

- **合理主義 (rationalism)**
  - 世の中には真の法則が存在して、それを規則として抽象化して(例えば、数学における公理など)、具体例に展開することで、世の中の仕組みを説明しようとする態度
  - 数学、論理
  - 理性主義、プラトン主義
- **経験主義 (empiricism)**
  - 世の中の法則というのは人間の知識のことであり、人間の知識は全て経験から得られると考えて、世の中の仕組みを説明しようとする態度
  - 自然科学(物理、化学など)
  - アリストテレス主義
  - 人工知能分野は2000年あたりを境に合理主義から経験主義に大きくシフトした

ラファエロ「アテナイの学堂」

その他にも、規則や手続きに基づく人工知能の例として、単語分割を行う技術を紹介します。日本語や中国語にはスペースのような単語区切り記号が存在しないため、自動的に単語に分割する必要があります。例えば、「すもももももももものうち」は「すもも も もも も もも の うち」と分割されます。

このような単語分割に対して、昔様々な方法が考案されましたが、有名なものとして、「最長一致法」や「単語数最小法、文節数最小法」などがあります。最長一致法は、辞書を用いて、辞書中の単語と可能な限り最長一致する単語を選ぶ方法です。単純には左から順に最長一致の単語を見つけて、それを単語分割の単語とすることで実現されます。「単語数最小法、文節数最小法」は、文中の単語数もしくは文節数が最小になるように単語分割の単語を選ぶ方法です。

これらの手法は辞書を用いていますが、学習用のデータ (文書や単語区切りの正解付き文書) は必要としていないことに注目してください。従って、知能的なプログラムですが、学習をしている、というわけではなく、人間が知的にみえる手続きを考案して、それをコンピュータに実装している、というかんじです。こういったやり方で人工知能を実現する方法が、第 2 次 AI ブームを支える規則や手続きに基づく人工知能、と言えます。

世の中には、科学や真理に対して、二つの見方があると言われていて、一つは「合理主義」と呼ばれて、もうひとつは「経験主義」と呼ばれています。

合理主義は、世の中には真の法則が存在して、それを規則として抽象化して(例えば、数学における公理など)、具体例に展開することで、世の中の仕組みを説明しようとする態度や見方です。数学や論理がこれにあたりますし、理性主義、プラトン主義とも言われています。

経験主義は、世の中の法則というのは人間の知識のことであり、人間の知識は全て経験から得られると考えて、世の中の仕組みを説明しようとする態度、見方のことです。物理や化学などの自然科学がこちらにあたり、アリストテレス主義とも呼ばれます。図は、ラファエロの「アテナイの学堂」の絵ですが、プラトンが上を指して、アリストテレスが下を指しています。この絵はこれらの二つの態度の違いを端的に表しています。

第 1 次 AI ブームおよび第 2 次 AI ブームを支えた従来の人工知能の中心技術は、合理主義的だったと言えますが、人工知能分野全体は 2000 年あたりを境に合理主義から経験主義に大きくシフトした、と考えられます。現在の第 3 次 AI ブームでは、経験主義に基づく人工知能 (データからの学習) の形で発展しています。

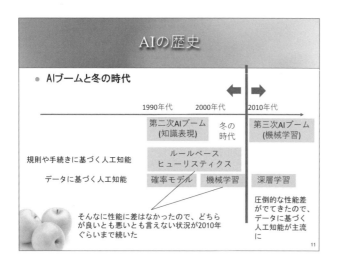 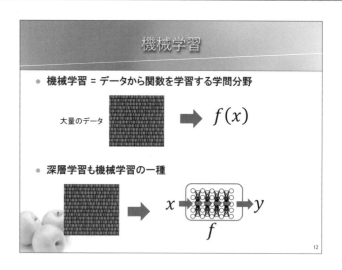

実は 2010 年ぐらいまでは，規則や手続きに基づく手法も，データから学習する方法も，性能的にはそんなに違いがなく，並行して研究開発が行われていました．

しかし，大量のデータが利用可能になったことや，計算機の性能が大きく向上したことから，だんだんと確率モデルの学習を含む機械学習の研究開発が増えてきました．2010 年以降は深層学習に基づく手法が圧倒的に高い性能を実現するようになったため，データに基づく人工知能が主流となって現在に至っています．

このような人工知能の歴史を歩んできたわけですが，従って現在，世間一般で人工知能というと，機械学習，特にその中でも深層学習のことを指す，と考えてよさそうです．

その機械学習とはなんぞや，ということですが，機械学習に対する定義を与えることは人工知能と同様結構難しいです．基本的にはデータからその法則性を自動的に獲得することが機械学習と言って良さそうなのですが，より本質的には，データから関数を学習する学問分野のことを指していると理解してもらえば良いかと思います．現在の人工知能技術の中核にあたる深層学習も実は機械学習の一種です．一見，人工知能と関数の学習は関係ないように思いますが，深層学習で学習するネットワークは実は一つの大きな関数になっていて，実際，深層学習のモデルは数式で表されることが多いです．

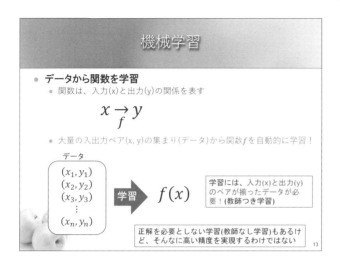

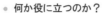

　機械学習は，データから関数を学習することが本質です．関数は入力 (x) と出力 (y) の関係を表します．大量の入出力ペア (x, y) の集まり (データ) からこの関数を自動的に獲得することが「学習」ということになります．

　ただ単にデータがたくさんあれば良いわけではなく，この x のときはこんな y が正解，といったたくさんの入力と出力の例があることで，それらから，入力と出力の関係性を関数として学習する，というわけです．従って，学習には入力と出力のペアが揃った大量のデータが必要であることがわかります．このように入力と出力のペアが揃ったデータから学習することを「教師つき学習」もしくは「教師あり学習」と言います．正解 (の出力) を必要としない学習は「教師なし学習」と呼ばれます．教師なし学習は入力データがあればあるだけ学習できるので，非常に良さそうな方法ではあるのですが，正解を直接学習するわけではないので，一般にはそんなに高い精度は実現できていません．一般に高い性能と考えられている人工知能は，教師つき学習で学習されています．

　深層学習はニューラルネットワークという神経細胞を模したネットワークの学習により実現されています．深層学習は現在大きく注目を浴びていますが，実は 2010 年頃までは，ニューラルネットワークはまったく見込みのない技術と考えられていました．機械学習そのものは，数学的に説明がつくエレガントな体系でしたが，ニューラルネットワークは数学的に何をやっているのかよくわからないため，いい性能が得られる保証がない，というのが大きな理由です．現在も，なぜ高い性能を実現できるのか，ということはよくわかっておらず，大きな研究トピックとなっています．経験的に高い性能が得られているため，ニューラルネットワークが認められ，多くの研究者の研究対象となっています．

　また，深層学習も含め，機械学習は何の役に立つのかよくわかっていませんでした．2010 年頃には顔認識のアプリがありましたが，それ以外には特に有用なアプリがなく，また，精度 100% には事実上ならず，いつか判断を間違えるため，クリティカルな仕事に使えない，ということも機械学習や深層学習があまり普及していなかった理由になっているかと思います．これは現在も大きく状況が変わっているわけではないので，現在の人工知能技術を活用できるキラーアプリを見つけることも重要な課題となっています．

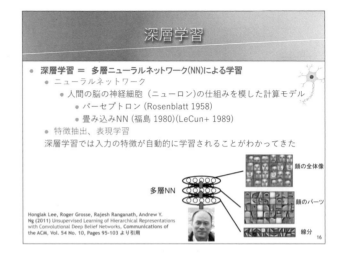

深層学習は，多層ニューラルネットワークによる学習のことです．ニューラルネットワークは人間の脳の神経細胞 (ニューロン) の仕組みを模した計算モデルで，古くから存在して，1958 年のパーセプトロン，1980, 1989 年の畳み込みニューラルネットワークなどが有名です．

深層学習が注目されている大きな理由として，一つは高い精度で予測できる性能の高さと，もう一つ，特徴抽出や表現学習ができることがあげられます．顔の認識を考えたとき，従来の規則や手続きに基づく手法では，例えば，目のようなものを検出したり，口のようなものを検出する手続き (プログラム) を開発していたわけですが，ニューラルネットワークは，そのような手続きを人間が与えること無く，顔画像を大量に与えることでそれらの規則性を自動的に学習することができる，ということがわかってきました．例えば，スライドの図のような顔写真を大量に与え続けると多層ニューラルネットワークの各層は画像の特徴を自動的に学習するようになることがわかっており，下の層では，線分などの低次の特徴が学習でき，その上の層では，線分を組み合わせた顔のパーツが学習できており，さらのその上の層では，顔のパーツを組み合わせて顔全体の特徴を学習できることがわかっています．

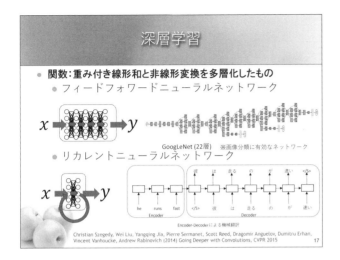
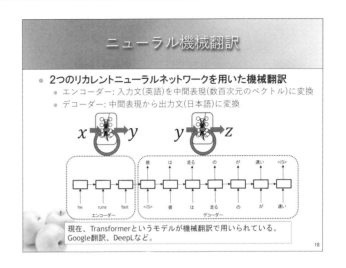

深層学習は関数を学習することになるわけですが，基本的には，重み付き線形和と非線形変換を多層化したものを関数として学習します．ニューラルネットワークは昔から存在していますが，昔は数層の小さなニューラルネットワークばかりでした．より多く多層化したニューラルネットワークの学習のことを深層学習と言います．

深層学習モデルには大きく分けると二種類存在していて，単純に関数を組み合わせて左から右に流す形で計算結果が流れていくフィードフォワードニューラルネットワークと，出力を再入力するリカレントニューラルネットワークがあります．フィードフォワードニューラルネットワークは画像等を扱うときに向いているネットワークで，リカレントニューラルネットワークは文書やDNAなどのような系列(時系列)データの学習に向いています．

例えば，ニューラル機械翻訳と呼ばれる機械翻訳(自動翻訳のこと)は，二つのリカレントニューラルネットワークにより実現できます．一つはエンコーダーと呼ばれ，入力文(英語)を中間表現(数百次元のベクトル)に変換します．もう一つはデコーダーと呼ばれ，エンコーダーが出力する中間表現を受け取り，中間表現から出力文(日本語文)を生成します．

例えば，he runs fast という文が与えられた時，これを図のようにエンコーダーに入力し，エンコーダーは再帰的な構造により，次の時刻に現在の状態を受け渡していきます．まず，he の情報が次の時刻に渡され，runs とその he の情報を組み合わせて次の状態を計算します．同様に，he と runs の情報が次の時刻に渡され，fast とそれらの情報を組み合わせて，文全体の情報が中間表現として出力されます．中間表現は数百次元程度の1本のベクトルで表現されることに注意してください．その後，この中間表現を受け取ったデコーダーは，最初に出力すべき単語を予測し，この場合は「彼」を出力します．その後，文全体を表す中間表現から「彼」を出力したという情報が抜かれた中間表現が次の時刻に渡されます．その「彼」の情報が抜かれた中間表現から次の単語を予測することを行います．この場合は「は」を出力することになります．この計算を同様に続けることで，「走る」「の」「が」「速い」と出力し，最後にはもう出力するような情報がない

と判断して，文の出力を終了します．このようにして翻訳を行う仕組みがニューラル機械翻訳と呼ばれているものになります．

現在は，さらにアテンションと呼ばれる技術が導入され，Transformer と呼ばれる機械翻訳モデルが非常に高い翻訳精度を実現しています．Google 翻訳や DeepL など有名な翻訳サービスで用いられています．

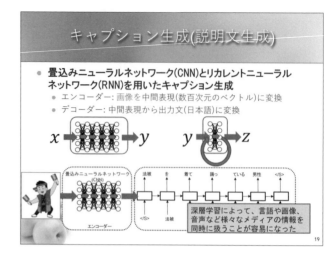

ニューラル機械翻訳とキャプション生成 (説明文生成) はほぼ同じアーキテクチャで実現することができます．ニューラル機械翻訳のエンコーダー部分をテキスト入力のためのリカレントニューラルネットワークから，画像入力のための畳込みニューラルネットワークに置き換えるだけです．まず，画像を入力として畳込みニューラルネットワークに与えます．畳込みニューラルネットワークは画像に対応する中間表現を生成するので，その中間表現から，デコーダーを用いて文を生成すればキャプション生成が実現されます．従来の技術では言語や画像，音声などの様々なメディアを同時に扱うことは難しかったのですが，深層学習ではこれらのメディアを同時に扱うことが容易に可能となっています．

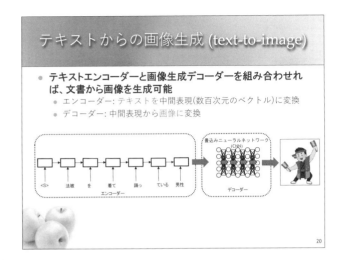 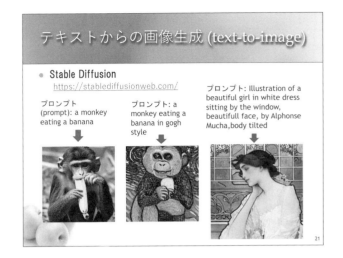

キャプション生成のエンコーダーとデコーダーの役割を逆にすると，今度はテキストから画像を生成できるようになります．

Stable Diffusion というモデルが公開されています．このモデルを用いると入力したテキストを表現する絵が自動的に生成されます．入力するテキストはプロンプト (prompt) と呼ばれています．このスライドに書かれているプロンプトを使って実際に Stable Diffusion を使って絵を生成すると，下側のような絵が得られます．プロンプトを工夫すると，複雑できれいな絵を描くことができ，一番右側はかなり複雑なプロンプトを使った例となります．「stable diffusion prompt」あたりで検索すると stable diffusion を使いこなすためのプロンプトのハックがいろいろと見つかるでしょう．

Stable Diffusion 以外にも，DALL・E 2 や Midjourney が有名です．テキストからの画像生成はかなり難しく，2021 年に DALL・E のデモが紹介されたときは多くの研究者が驚きました．その後，Midjourney や DALL・E 2, Stable Diffusion が続き，一般に多くの人が利用できるようになってきました．

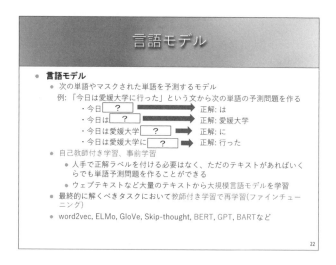

次にChatGPTについて紹介をしますが、その前にその基盤技術となっている言語モデルについて紹介します。言語モデルは、次に来るべき単語を予測する、もしくは文中の何箇所かがマスクされていて、そのマスクされた単語を予測するモデルのことです。例えば、「今日は愛媛大学に行った」という文から次の単語の予測問題を作ることを考えてみましょう。まず、「今日」の後に何が来るかということを学習するのですが、ここでは元の文をみると「は」がきているので、ここでは「は」が正解として学習されます。次に「今日は」の次の単語を予測することを学習させるのですが、同様に元の文をみてみると「今日は」の次は「愛媛大学」になっているので、この正解は「愛媛大学」になります。後同様に1単語ずつずらしながら後続の単語を予測するタスクを学習します。「今日は愛媛大学」の後は「に」が正解で、「今日は愛媛大学に」の後は「行った」が正解として学習を行います。

この学習方法は「自己教師付き学習」または「事前学習」と呼ばれていて、特に、人手で正解ラベルをつけているわけではないのですが、データの一部を隠して予測させることで、教師付き学習として機械学習モデルを学習することができます。正解ラベルが必要無いので、ウェブテキストなど大量のテキストから言語モデルを学習することができて、特に巨大なパラメータを持つ言語モデルのことを大規模言語モデルと呼びます。明確な定義があるわけではないですが、おおよそ10億以上のパラメータを持つ言語モデルを大規模言語モデルと呼びます。

しかし、次の単語を予測すること自体は、それが出来たとしても特に何かの役に立つものではないので、言語モデルそのままでは意味がありません。大きく分けると言語モデルを有効利用する方法として、分散表現の抽出とファインチューニングの2つがあります。分散表現については、言語モデルから各単語のベクトル表現を直接抽出して、これを各単語の意味辞書としても用います。ファインチューニングについて、最終的に解くべきタスクにおいて教師付き学習によりモデルの再学習を行うことをファインチューニングといいます。大規模言語モデルに対してファインチューニングを行うことで、従来の精度を大きく上回る性能が得られています。次の単語予測やマスクされた単語を予測することで、言語の統語的構造や意味的な構造が学習できているのではないかと考えられています。

このような言語モデルにはword2vec, ELMo, GloVe, Skip-thought, BERT, GPT, BARTなどがあります。特に有名なのがBERTとGPTです。Transformerと呼ばれるモデルが機械翻訳において標準的に用いられているのですが、TransformerエンコーダをモデルとしたのがBERTで、TransformerデコーダをモデルとしたのがGPTです。

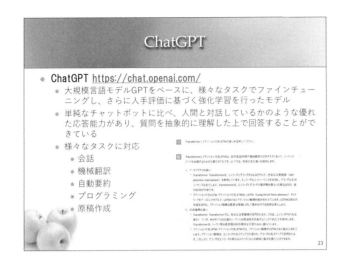
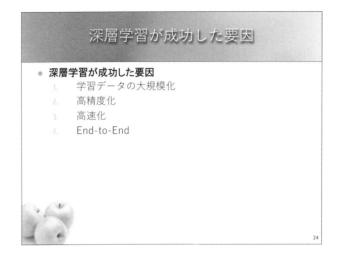

ChatGPTはOpenAIが2022年11月に公開した対話サービスです．技術詳細が公開されていないため，詳細はわからないのですが，大規模言語モデルGPTをベースに様々なタスクでファインチューニングし，さらに人手評価に基づく強化学習を行っていると言われています．単純なチャットボットに比べ，人間と対話しているかのような優れた応答能力があり，質問を抽象的に理解した上で回答することができています．様々なタスクに対応していて，通常の会話，機械翻訳，自動要約，プログラミング，原稿作成ができています．

昔はあまり注目されていなかったのに，なぜ，今，機械学習や深層学習が脚光を浴びているのか不思議に思うかもしれませんが，大きな理由としては，昔と違って非常に大きな学習データ（教師付き学習データ）が開発されたこと，それから，そういったデータを用いて，今までにない高い精度で解析できるようになったということ，また，計算機が非常に速くなったということがあげられます．

また，現在の深層学習は，他の機械学習手法に比べて，End-to-Endで開発でき，素人でも扱いやすくかつ性能も良いということも大きな理由の一つだと思います．

学習データの大規模化

- **大昔(20年以上前)**
  - パラメータは手で調整、学習はしない
  - 学習データなし(専門家が作り込んだ少量(数千)の高品質な評価用データのみ)
- **昔(20年前〜10年前)**
  - 専門家が作り込んだ少量(数万〜数十万規模)の高品質データ
  - 大量(数百万、数億規模)の生データ
- **最近**
  - 素人が作った大量(数百万、数億規模)の中品質データ
    - クラウドソーシング(Amazon Mechanical Turk)など
  - 自動的に収集できる大量のデータ
    - 特許やEU議事録などの翻訳データ
  - 自動的に収集できる大量の生データ(数十テラバイト)
    - 大規模言語モデルの学習に用いられる

学習データの大規模化について，20年以上前はパラメータを手で調整していたため，学習はしませんでした．評価用の少量のデータだけあれば十分でした．

10年前から20年前は，専門家が作り込んだ少量，といっても数万から数十万規模の高品質データや，大量（数百万規模）の生データが存在していてそれらをつかって機械学習が行われていました．

最近は，それらのデータ作成と大きく異なり，AIの学習のために大量 (数百万，数億規模) のデータを作成しています．大きく分けると3通り大規模データを作成する方法があって，一つは中品質データを専門家ではない世界中の一般人が作る方法です．一般人が作る中品質データはクラウドソーシング (Amazon Mechanical Turk など) で作られています．クラウドソーシングは簡単に言えば，インターネット上でできる簡単な仕事をインターネット上で依頼することです．画像分類など専門家でもない一般の人でも出来る作業 (例えば，猫の画像をみせて，この画像に写っているものが「猫」であるとラベル付けを行う) であることが特徴的です．逆に言うと，一般の人が作れるデータでないと大量のデータを用意することはできません．

もう一つの方法は，自動的に大量の教師付きデータを収集することです．例えば，機械翻訳では，特許やEU議事録のように高い品質の対訳データが日々大量に生産されています．これらのデータから文と文のペアを自動的に作り，大量の教師付きデータを獲得します．

最後の方法は，大規模言語モデルの学習のために生データを大量に集めていることです．やり方は以前と同様ですが，データサイズが大きく増えており，数十テラバイトの大量のデータを集めていて，それらから大規模言語モデルの学習が行われています．

いずれにしても，昔と現在で大きく違うのは，データサイズです．現在は教師付き学習では，数百万から数千万のデータを扱っており，言語モデルの学習では数十テラバイトのデータを扱っています．

深層学習のキーテクノロジー：高精度化

- **解きたい仕事の特徴にあったNN**
  - 画像認識には畳み込みニューラルネットワーク(CNN)
  - 系列データ(テキストなど)には注意型長・短期記憶(Attention-based LSTM)やTransformer
- **事前学習**
  - BERT マスク付き言語モデル
  - GPT 大規模言語モデル
  - オートエンコーダ
- **正則化(Weight Decay, Dropout)**
- **正規化(Batch Normalization)**
- **種々の活性化関数(ReLU, Maxout)**
- **Residual Net**
- **アンサンブル**
- **潜在変数モデル(VAE, 拡散モデル)**

深層学習のキーテクノロジー：高速化

- **学習アルゴリズム**
  - 計算グラフによる誤差逆伝搬法
  - オンライン学習(確率的勾配降下法、モーメンタム、AdaGrad、Adam)

- **GPU (CPU1コアよりも10倍以上速い)**
  - NVIDIA GeForce GTX 1080 (約7万円)
  - NVIDIA Tesla V100 32GB (約120万円)

- **スーパーコンピューティング**
  - 大量のGPU(数百枚〜数万枚)を使って並列分散計算

高精度化については，近年様々な技術が開発され，その都度徐々に解析精度が高くなっていっています．

解きたい仕事の特徴にあったニューラルネットワークの設計もその一つで，画像認識には畳み込みニューラルネットワークが開発され，系列データ (テキストなど) には，注意型長・短期記憶 (Attention-based LSTM) が開発されています．さらに現在は Transfo rmer と呼ばれる技術が開発されています．

他に，一般的な技術として，事前学習，正則化，正規化，活性化関数，Residual Net，アンサンブル，潜在変数モデルなどの手法が考案されています．

高速化について，まず，学習の高速化のために様々なアルゴリズムが開発されました．計算グラフによる誤差逆伝播法やオンライン学習があげられます．

高速化に関してもう一つ重要なことがあって，ゲームなどにつかわれる GPU(グラフィックスプロセシングユニット) が活躍しています．GPU は行列計算など細かな計算を並列してまとめて実行するのに向いているアーキテクチャとなっていて，経験的に CPU1 コアよりも 10 倍以上速いと言われています．また，高いものは 120 万円ぐらいで非常に高いのですが，安いものは 7 万円程度でも購入することができます．10 倍速いと例えば，同じ学習をするにも 10 日かかっていた計算が 1 日でできることになります．安く高速な人工知能を実現するために必須の計算資源となっています．

最近，大規模言語モデルを学習するために，スパコンが用いられています．数百枚から数万枚の GPU をつかって分散計算を行います．

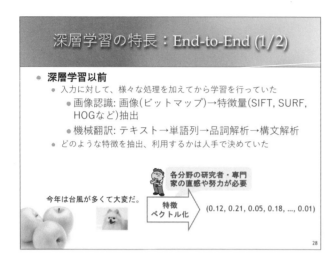

　深層学習以前は，入力に対して様々な処理を加えてから学習を行っていました．例えば，画像認識では，画像 (ビットマップ) から特徴量 (SIFT, SURF, HOG など) を抽出します．機械翻訳だと，テキストを単語列に変換し，品詞解析や構文解析を行うということが相当します．どのような特徴を抽出し，利用するかは人手で決めていました．

　深層学習では，解きたい仕事の入力（end）と出力（end）を直接ニューラルネットワークに与えて，特徴抽出ごとまとめて学習する，ということができるようになりました．前に述べたように，表現学習ができるため，特徴もデータから自動的に学習できるためです．複数のシステムをつなぐパイプライン処理をあまりしなくてよくなりました．例えば，日本語の単語列を直接入力し，ニューラル機械翻訳は直接英語の単語列を出力しています．

　このため，開発がものすごく楽になり，今まで敷居の高かった領域の研究ができるようになりました．

　この結果，もしかすると，専門家の技術が不要になりつつあるのかもしれませんね．

近い未来のAI

- **機械学習/深層学習にできそうなこと**
  - 機械翻訳
  - 医療診断
    - レントゲン画像/CTスキャンからの診断、血液検査からの診断、健康診断結果からの病気予測、ガン検査、ヘルスケア
  - フィンテック
    - 融資の判断 (顧客のデータと融資の結果から学習)
  - セキュリティ・安全
    - 不審者検出、故障検出
  - マルチメディア
    - 高機能な画像検索や動画検索
    - 自動イラスト生成 (Stable Diffusionなど)
  - アンケートからの予測
    - 退職予測、再犯予測、成績不振者予測？

近い未来では，深層学習を機械翻訳や医療診断，フィンテック，セキュリティに利用されそうです．また，高機能な画像検索や動画検索，自動イラスト生成などのマルチメディアで活躍することも期待されます．退職予測などアンケートからの予測も考えられます．

近い未来のAI

- **現実世界からの強化学習**
  - 報酬／罰則のスコアを定義すれば、スコアを最大化するように行動を学習する
  - 与えられたデータから入力と出力の関係を学習するだけではなく、現実世界からフィードバックをもらうことで、より人間に近い学習を実現
    - ロボットの学習
    - 対話の学習→ChatGPT (大規模言語モデル+強化学習)
    - 自動運転の学習

現在の技術は機械学習を中心としていますが，近い技術として，強化学習という技術があります．これは報酬／罰則のスコアを定義すれば，スコアを最大化するように行動を学習する学習方法で，現在，ロボットの学習や，対話の学習，(本当の) 自動運転の学習に用いられるのではないかと考えられています．特にChatGPTに代表されるように，対話の学習においては，大規模言語モデルと強化学習によって現実に用いることができるレベルにまで達しつつあります．

まとめです．今回は人工知能の現状について，機械学習と深層学習を紹介しました．機械学習は，データから関数を学習する技術で，基本的には，入力と出力の両方が揃った教師データが必要です．深層学習は，機械学習の一種で，大規模データから多層ニューラルネットワークの学習を行います．高精度でend-to-endを特徴とします．

近い将来としては，入力と出力が揃ったデータが大量にある分野や仕事に応用することが考えられます．さらに，現実世界からの強化学習により，より人間に近い学習が実現されるかもしれません．

第8回

人工知能の基礎（2）——機械学習

第8回基礎情報科学では人工知能の基礎について前回に引き続き学んでいきます．今回は機械学習の基礎について勉強します．

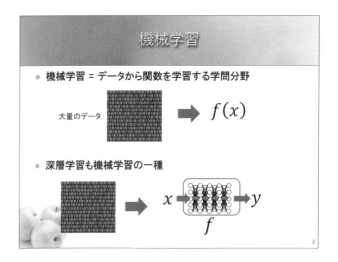

機械学習は前回にも説明したように，データから関数を学習する学問分野や技術のことです．現在の人工知能技術の中核にあたる深層学習も実は機械学習の一種です．一見，人工知能と関数の学習は関係ないように思いますが，深層学習で学習するネットワークは実は一つの大きな関数になっていて，実際，深層学習のモデルは数式で表されることが多いです．

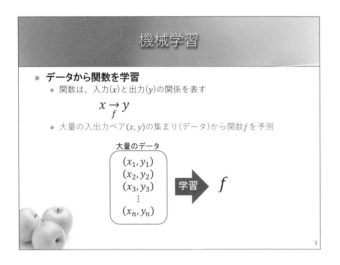 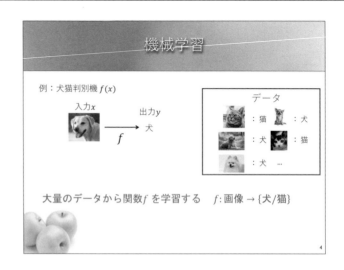

　機械学習は，データから関数を学習することが本質です．関数は入力 (x) と出力 (y) の関係を表します．大量の入出力ペア (x,y) の集まり（データ）から入力と出力の関係をとらえた関数を自動的に獲得することが「学習」ということになります．

　ただ単にデータがたくさんあれば良いわけではなく，この x のときはこんな y が正解，といったたくさんの入力と出力の例があることで，それらから，入力と出力の関係性を関数として学習する，というわけです．従って，学習には入力と出力のペアが揃った大量のデータが必要です．このように入力と出力のペアが揃ったデータから学習することを「教師つき学習」もしくは「教師あり学習」と言います．

　例えば，犬猫判別機のような関数を学習することができます．画像を入力として受け取り，「犬」か「猫」のラベルを返す関数を学習します．データは入出力のペアが揃ったデータが必要となりますので，このように猫の画像に対して正解の「猫」のラベルであったり，犬の画像に対して正解の「犬」のラベルがつけられたデータを大量に用意します．このような大量のデータから，入力画像に対して「犬」か「猫」のラベルを返してくれる関数が学習されます．

機械学習

- **データから学習**
  - 入力 $x = (x_1, x_2, \cdots, x_m)$ ←m次元ベクトル
    (画像の場合は、赤、青、緑の画像に対応する3つの行列(テンソル))

  - データDは入力xと出力yのペアの集合

  - 関数fはパラメータ(重み変数)の集合$w = (w_1, w_2, \cdots w_m)$から成る
    例: $f(x) = w_1 x_1 + w_2 x_2 + \cdots + w_m x_m$
    - fは$f_w(x)$と書くとわかりやすい

  - 学習 ＝ データDに対する誤差(損失)を最小にするパラメータwを求める
    データ全体の誤差(損失) $L(w) = \sum_{(x,y) \in D} (y - f_w(x))^2$

より一般的には，入力 x はベクトルで与えられることが多いです．1 次元，2 次元ではなく，多次元のベクトルを与えます．一般に m 次元ベクトルとして与えます．画像の場合は，赤，緑，青の画像に対応する 3 つの行列 (テンソル) として与えます．

データ D を入力 x と出力 y のペアの集合とします．

関数 f はパラメータ (重み変数) の集合 ($w = (w_1, w_2, \ldots, w_m)$) からできていて，$w$ と x から y の値を予測することになります．例えば，$f(x) = w_1 x_1 + w_2 x_2 + \cdots + w_m x_m$ といった形になります．f は $f_w(x)$ と書くとわかりやすいですね．

このように与えられたデータ D と関数 f に対し，データ D に対する誤差を最小にするパラメータ w を求めることを，「学習」と言います．データ全体の誤差は，例えば，$L(w) = \sum_{(x,y) \in D} (y - f_w(x))^2$ という式で計算できます．データの各ペア (x, y) に対し，本当の正解の y から関数で予測される $f(x)$ の値を引くことで誤差が得られ，データ全体においてその二乗和を計算すると，それがデータ全体の誤差となります．この誤差のことを機械学習の分野では一般に「損失」と呼びます．データ全体に対する損失 $L(w)$ には x と y と w の 3 種類の変数が含

まれますが，x と y にはデータから具体的な値が代入されますので，このデータ全体に対する損失は純粋にパラメータ w だけの関数となります．これを最小化することでパラメータが求まります．

機械学習の教科書

- 機械学習
  - Christopher M. Bishop, **Pattern Recognition and Machine Learning**
  - Nello Cristianini, John Shawe-Taylor, **An Introduction to Support Vector Machines and other kernel-based learning methods**
  - Trevor Hastie, Robert Tibshirani, Jerome Friedman, **The Elements of Statistical Learning: Data Mining, Inference, and Prediction**
- 数値最適化
  - Jorge Nocedal, Stephen Wright, **Numerical Optimization**
  - Dimitri P. Bertsekas, **Nonlinear Programming**

機械学習や数値最適化 (関数の最小値を求める手法) のための良い参考書です.

回帰問題と分類問題と構造予測

関数: $y = f(x)$

- 回帰問題 (regression)
  - $y \in R$ (実数)
  - 例: 年齢予測、降水確率の予測、気温の予測
- 分類問題 (classification)
  - $y \in \{C_1, C_2, \cdots, C_K\}$ (ラベル集合)
  - 例: 文書分類 (政治、経済、スポーツ等)
- 構造予測 (structured prediction)
  - $y \in G$ (グラフ集合)

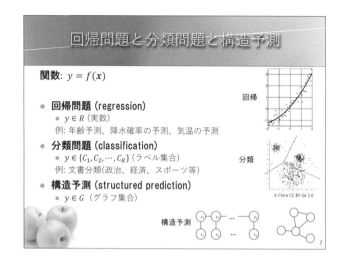

機械学習は関数 $y = f(x)$ を学習することでした. x は様々な入力が想定されていますが, y の値は大きく分けると3種類のタイプに分けられます. そのタイプによって, 機械学習の問題は, 回帰問題, 分類問題, 構造予測の3つに分けられます.

回帰問題は y が実数値になる場合です. 例えば, 年齢予測, 降水確率の予測, 気温の予測などがあげられます. 右上の図のように x に対する y の値の曲線 (関数) を学習することが目的となります.

分類問題は y がラベルになる場合です. 「犬」「猫」ラベルのように, ラベル集合から正解を一つ選ぶ問題になります. ラベル集合は一般にこのように $C_1, C_2, \ldots, C_K$ として与えられて, この中から正解を一つ選ぶ, ということになります. 例えば, 文書分類問題があげられ, 「政治」「経済」「スポーツ」などのラベルからその文書のジャンルを選択することになります. スライド右の真ん中にあるように, x の空間をいくつかの領域に分けることが目的となります.

最後は構造予測と呼ばれる問題で, これは y の値がグラフになる場合です. グラフというのはこのスライドの図のように丸と直線で結ばれた化合物の模型のような形をした構造のことを指します. 例えば, DNA の系列解析や機械翻訳などもこの構造予測の一種となります. 図のように与えられた x に対応するグラフを生成することが目的となります.

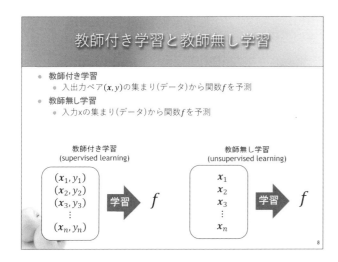
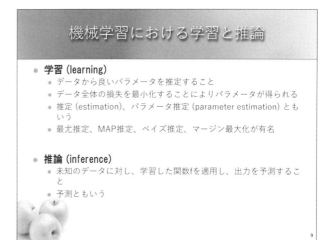

入出力ペア $(\boldsymbol{x}, y)$ の集まり(データ)から関数 f を予測することを「教師付き学習」といいます．入力 $\boldsymbol{x}$ の集まり(データ)だけから関数 f を予測することを「教師なし学習」といいます．教師なし学習は出力すべき y の例が与えられていないため，このようなデータから関数 f を学習することは大変むずかしいことがわかります．また，教師なし学習は大量のデータから学習しても，少量の教師データから学習する場合に比べて性能が非常に低いことで知られています．

用語の説明です．

「学習」とは，データから良いパラメータを推定することです．データ全体の損失を最小化することでパラメータが得られます．推定，パラメータ推定とも呼ばれます．最小二乗法，最尤推定，MAP 推定，ベイズ推定，マージン最大化が有名です．

「推論」は，未知のデータに対して，学習した関数 f を適用し，出力を予測することです．単に予測ともいいます．

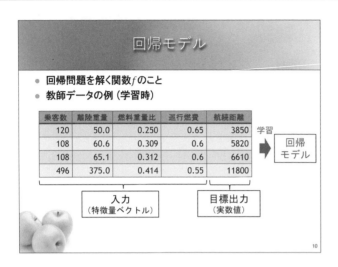
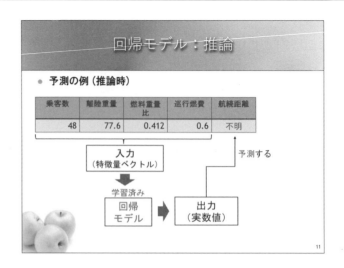

　機械学習の問題は，回帰問題，分類問題，構造予測の3つに分かれていることを説明しましたが，ここでは，回帰問題の解法について解説します．

　回帰問題を解く関数 f のことを回帰モデルといいます．教師データは例えばスライドの表のような形で与えられます．これは飛行機の航続距離の予測問題となっています．乗客数，離陸時の重量，燃料重量比，巡航燃費が与えられたとき，そのときの航続距離を予測する関数を学習します．学習するときは，乗客数，離陸時の重量，燃料重量比，巡航燃費を入力として与え，航続距離を正解の出力として与えて学習を行います．

　回帰モデルの特徴として，出力が実数値となることに注意してください．(出力がラベルの場合は識別モデルと呼ばれます)

　推論時は，未知のデータに対して航続距離を予測することを行います．従って，乗客数，離陸時の重量，燃料重量比，巡航燃費を入力として学習済みの関数に与え，関数からの出力値を航続距離の予測として用います．

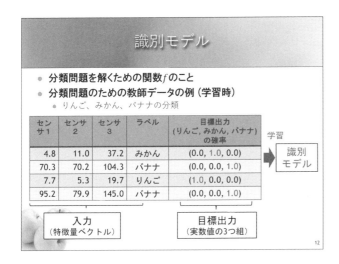

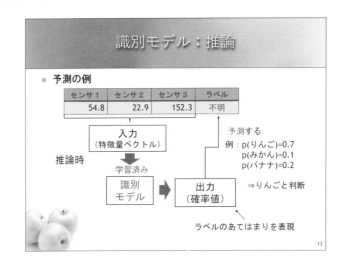

次に，分類問題用のモデルについて説明します．分類問題を解くための関数 f は，「識別モデル」と呼ばれます．この表は分類問題のデータの例になります．ここでは工場のベルトコンベアに流れてくるものを「りんご」「みかん」「バナナ」に分別する作業を行っているとします．センサーは3つあり，この3つの入力を手がかりに分別することを行います．ラベルは「りんご」「みかん」「バナナ」の3種類あるとします．識別モデルとしてはラベルを直接出力するような関数を学習して欲しいのですが，ラベルは離散値なので，そのような関数を定義すること自体が難しい問題となっています．そこで一般にこういった分類問題では，各ラベルに対応する確率値を出力する関数を学習するということを行っています．この場合だと，目標出力は「りんご」「みかん」「バナナ」のそれぞれの確率を表すベクトルとなります．

最初のデータは「みかん」が正解なので，「みかん」に対応する次元が1で他の次元が0となるベクトルを出力とします．順番はどの順番でもかまいませんが，ここでは最初の次元の数値を「りんご」の確率とし，2つ目の次元の数値を「みかん」とし，3つ目の次元の数値を「バナナ」とします．最初のデータは，したがって，(0, 1, 0) となります．次のデータは「バナナ」が正解なので，(0, 0, 1) となります．3つ目のデータは「りんご」が正解なので，(1, 0, 0) となり，最後のデータは「バナナ」が正解なので，(0, 0, 1) となります．

分類問題に対する推論について説明します．識別モデルの場合，未知の入力を識別モデルに与えることで，それぞれのラベルに対する確率値の出力を得ることができます．この確率値の中で最も高い確率に対応するラベルが予測するラベルとなります．

この例の場合，3つのセンター情報から成る未知のデータが与えられたとき，これらを入力として識別モデルに与えて，出力値 (各ラベルに対する確率) を得ます．最も確率の高いラベルが予測される出力ラベルとなります．例えば，りんご確率が 0.7，みかん確率が 0.1，バナナ確率が 0.2 なら，「りんご」というラベルを返せば良いということになります．

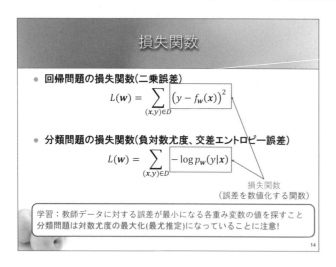

教師データに対する損失が最小になるように各重み変数の値を探すことが学習、ということになります。

続いて、学習の仕組みについて勉強していきます。学習は損失を最小化すること、と説明しました。各データに対する損失 (誤差) を計算する関数は損失関数と呼ばれます。問題の性質によっていろんな損失関数が用いられていて、例えば、回帰問題には先ほどまで説明した二乗誤差が用いられ、分類問題では負対数尤度もしくは交差エントロピー誤差と呼ばれる損失関数が用いられます。

二乗誤差は先ほどの説明と同じになりますが、データ D の入出力ペア $\boldsymbol{x}, y$ に対して、正解の出力 y と関数が予測する $f(\boldsymbol{x})$ の値の差の二乗となります。これを最小にするように $\boldsymbol{w}$ を調整すると考えれば良いです。

負対数尤度は統計解析のときにでてきました。最尤推定を行うときに各データの尤度 (確率) を対数にすると計算がしやすくなるため対数を導入しました。対数をつけても求めるべきパラメータは同じになります。対数にするのは微分を簡単にするだけではなく、データ全体の尤度 (確率) を計算機で表現するためでもあります。確率自体非常に小さな値であり、データ全体の確率は各データの確率の積となるため、計算機であらわせられない非常に小さな値となってしまいます。対数をつけることで計算機で表現可能な値となります。例えば、$\log_{10} 10^{-60} = -60$ となります。つまり、分類問題は対数尤度の最大化 (最尤推定) になっていることに注意しましょう。

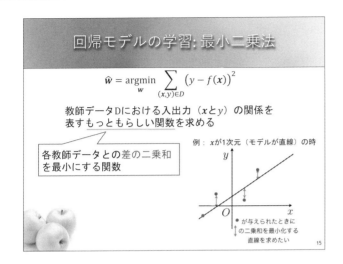
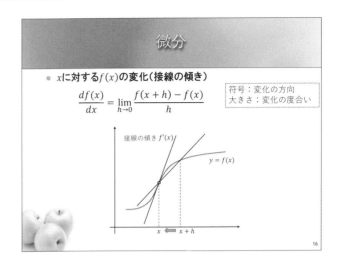

次に，回帰モデルの損失を最小化することを考えます．このスライドの式を最小にする重み変数を求める方法のことを最小二乗法といいます．イメージとしては，例えば，x が1次元で，$f(x)$ が直線 ($f(x) = ax + b$ の形) であるとき，スライド右下の図のように，予測する直接と各データとの差が最小になるように直線を探すことに相当します．

このような直線を求めるにはどうすればいいのでしょうか．統計解析の基礎のときと同じように損失の最小化を考えれば良いです (統計解析のときは確率の最大化でしたが，ここでは二乗誤差もしくは負対数尤度の最小化になります)．つまり，データ全体の損失を表す関数を微分して 0 になる重み変数を求めれば良いということになります．

微分については，高校で習っていると思うのであらためて説明はしませんが，x に対する $f(x)$ の変化 (つまり接線の傾き) を求める操作が微分になります．具体的には $f(x+h) - f(x)$ を h の大きさで割ることで h 移動したときの $f(x)$ の変化の割合を求めます．この h を極限まで 0 に近づけたときの値を求めることが微分です．関数 $f(x)$ を微分した結果も関数 $f'(x)$ になっていることに注意してください．$f'(x)$ は導関数と呼ばれます．

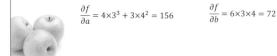

続いて，回帰モデルの損失に対して微分することを考えます．しかし，直線の場合でも $f(x) = ax + b$ となり，二つの重み変数 a, b が出現してしまい普通に微分をすることができません．

二つ以上の変数がある場合の微分は偏微分と呼ばれます．偏微分については微積分の授業で習うことになりますが，先取りして簡単に説明します．偏微分は偏微分しようとしている変数だけを変数として考え，残りの変数を定数と考えて微分することです．

例えば，$f(a,b) = a^4 + 3ab^2$ という関数があったとき，a で偏微分することを考えます．a だけ変数と考えて，b は定数と考えて微分すれば良いので，$\frac{\partial f}{\partial a} = 4a^3 + 3b^2$ となります．次に b で偏微分することを考えます．b だけ変数と考えて，a は定数と考えて微分すれば良いので，$\frac{\partial f}{\partial b} = 6ab$ となります．

この $\frac{\partial f}{\partial a}$ も $\frac{\partial f}{\partial b}$ も，どちらも a, b の関数になっていることに注意してください．これらに $a = 3, b = 4$ を与えると，それぞれ $\frac{\partial f}{\partial a} = 4 \times 3^3 + 3 \times 4^2 = 156$，$\frac{\partial f}{\partial b} = 6 \times 3 \times 4 = 72$ となります．

回帰モデルの学習について考えます．最小二乗法は損失を最小化する手法でした．ここでは損失に対する各重み変数の偏微分が全て 0 とすることで損失を最小にする重み変数を求めます．

教師データ $D = \{(1,2), (2,3), (3,5)\}$ から最小二乗法により学習される直線の式 $f(x) = ax + b$ を求めましょう．(約 5 分)

回帰モデルの学習

- 教師データ $D = \{(1,2), (2,3), (3,5)\}$ から最小二乗法により学習される直線の式 $f(x) = ax + b$ を求めなさい。

$$L(a,b) = \sum_{(x,y) \in D} (y - f(x))^2$$

$L(a,b) = (2-a-b)^2 + (3-2a-b)^2 + (5-3a-b)^2$

$\frac{\partial L(a,b)}{\partial a} = -2(2-a-b) - 4(3-2a-b) - 6(5-3a-b) =$
$= -46 + 28a + 12b = 0$

$\frac{\partial L(a,b)}{\partial b} = -2(2-a-b) - 2(3-2a-b) - 2(5-3a-b) =$
$= -20 + 12a + 6b = 0$

解くと、$a = \frac{3}{2}, b = \frac{1}{3}$。従って、$f(x) = \frac{3}{2}x + \frac{1}{3}$。

識別モデル

- 分類問題に対する識別モデル
  - ロジスティック回帰
    - 確率的識別モデル
  - Support Vector Machines (SVM)
    - マージン最大化による学習

損失 $L(a,b)$ にデータの値を代入すると、$L(a,b) = (2-a-b)^2 + (5-3a-b)^2$ となります。

これを a と b でそれぞれ偏微分して 0 とする連立方程式をたてます。これを解くと、$a = \frac{3}{2}, b = \frac{1}{3}$ となるため、求めるべき関数は $f(x) = \frac{3}{2}x + \frac{1}{3}$ となります。

分類問題に対する識別モデルとしては、ロジスティック回帰 (分類問題に対する識別モデルだけど、回帰と呼ばれているので注意) と、サポートベクターマシン (SVM) が最もよく使われています。ロジスティック回帰は分類問題のための確率的識別モデルです。サポートベクターマシンはマージン最大化による学習を行います。これらのモデルに対する損失は複雑な関数となっているため、これらの学習は先ほどの回帰モデルのように簡単には解けません。勾配法などの数値最適化の手法を使って解くことになります。

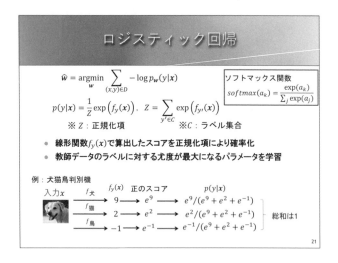
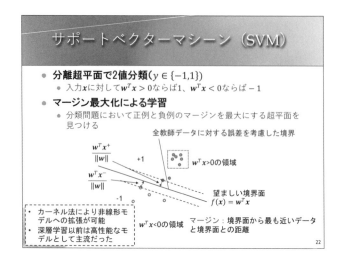

ロジスティック回帰はこのような形の式になっています．損失はデータ全体に対する負対数尤度となりますが，確率モデルが $p(y|\boldsymbol{x}) = \dfrac{1}{Z}\exp(f_y(\boldsymbol{x}))$，$Z = \sum_{y' \in C} \exp(f_{y'}(\boldsymbol{x}))$ のような形になっています．慣れるとわかりやすいのですが，これは線形式をソフトマックス関数に適用した形になっています．ソフトマックス関数は $\mathrm{softmax}(a_k) = \dfrac{\exp(a_k)}{\sum_j \exp(a_j)}$ の形で与えられます．

例えば，犬猫鳥判別機を作ることを考えます．入力 x は犬の画像だとします．ラベルごとに関数が与えられていて，犬関数 $f_\text{犬}$，猫関数 $f_\text{猫}$，鳥関数 $f_\text{鳥}$ とします．これらの関数を犬の画像 x に適用した結果，$f_\text{犬}(x) = 9$, $f_\text{猫}(x) = 2$, $f_\text{鳥}(x) = -1$ になったとします．これらに数値による e のべき乗を計算します．つまり，e^9, e^2, e^{-1} となります．これはスコアと呼ばれることが多く，べき乗の性質から必ず 0 より大きい正のスコアとなります．最後にこのスコアを正規化して，総和が 1 になるようにします．この正規化されたスコアは条件付き確率 $p(y|\boldsymbol{x})$ として扱うことができます．つまり，犬である確率は $\dfrac{e^9}{e^9 + e^2 + e^{-1}}$，猫である確率は $\dfrac{e^2}{e^9 + e^2 + e^{-1}}$，鳥である確率は $\dfrac{e^{-1}}{e^9 + e^2 + e^{-1}}$ となります．

サポートベクターマシンは 2 値分類を基本とした分類モデルの学習方法なのですが，+1 のラベルがついたデータと −1 のラベルがついたデータをきれいに分ける境界面を求めることを行います．全てのデータを +1 の領域と −1 の領域に分類し，かつ，境界面と境界面から最も近いデータとの距離が最大となる境界面を求めます．この境界面から最も近いデータとの距離のことをマージンといいます．従って，このような原理に基づく分類の学習はマージン最大化と呼ばれます．最大化というのがわかりにくいですが，各データから斥力を受けて境界面が各データから離れるようにバランスがとれた境界面を探しているとイメージすれば良いと思います．

カーネル法によって非線形なモデルに適用でき，深層学習以前は最も性能の高いモデルとして主流でした．

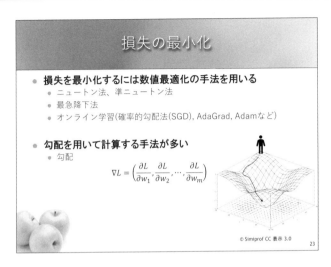

ロジスティック回帰やニューラルネットワークの損失の最小解を解析的に求めることは難しく，数値最適化の手法を用いて求めます．具体的には，ニュートン法，準ニュートン法，勾配降下法，オンライン学習(確率的勾配法 (SGD)，AdaGrad，Adam など) があります．これらの手法は勾配を用いた更新式になっており，勾配ベースの最適化手法とも呼ばれます．

勾配は，最小化の目的となっているデータ全体の損失を，各パラメータで偏微分した導関数をベクトルとして並べたもののことです．式でみたほうがわかりやすいと思います．$\nabla L = \left(\dfrac{\partial L}{\partial w_1}, \dfrac{\partial L}{\partial w_2}, \ldots, \dfrac{\partial L}{\partial w_m}\right)$ が勾配です．これは，スライド右下のような二次元空間の関数であったとき，これらの二次元空間における傾斜方向 (上に向かっていく方向) になっています．

つまり，勾配法というのは，パラメータの空間で最小となるところを探していて，現在いる地点の傾斜 (勾配) を計算し，その傾斜方向の逆方向に向かって進み続ける方法となります．傾斜は値が大きくなる方向なので，その逆方向に進むことで値が小さくなっていきます．暗闇でもっとも低い地点を探したいとき，現在いるところの傾斜方向 (の逆方向) に向かって進んでいけばいつか底にたどりつく，という直感に従った手法とも言えます．

勾配は全ての変数の偏微分をベクトルとしてまとめたものです．例えば，関数 $L(w_0, w_1)$ の勾配は $\nabla L = \left(\dfrac{\partial L}{\partial w_0}, \dfrac{\partial L}{\partial w_1}\right)$ となります．

$L(w_0, w_1) = w_0{}^2 + w_1{}^2$ の勾配は，$\nabla L = \left(\dfrac{\partial L}{\partial w_0}, \dfrac{\partial L}{\partial w_1}\right) = (2w_0, 2w_1)$ となります．従って，例えば，$w_0 = 3$，$w_1 = 4$ における勾配は $(6, 8)$ となります．

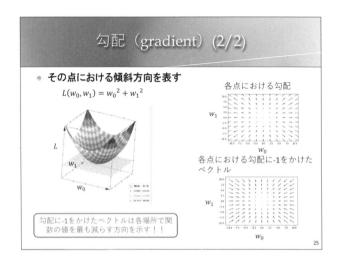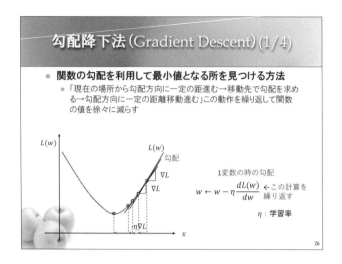

この $L(w_0, w_1) = w_0{}^2 + w_1{}^2$ の関数をグラフ化したものが左図となります．この損失に対する勾配に -1 をかけたものは右図のようになっていて，中心に向かっていることがわかります．また，中心から離れれば離れるほど勾配の大きさが大きいこともわかります．従って，どこの点からスタートしても，勾配の逆方向に進んでいくことで損失関数の最小値となるところにたどり着くことがわかると思います．

このように関数の勾配を利用して最小値となるところを見つける方法が勾配降下法です．現在の場所から勾配方向に一定の距進む→移動先で勾配を求める→勾配方向に一定の距離移動進むということを繰り返して，関数の値を徐々に減らしていきます．パラメータの更新式は $w \leftarrow w - \eta \dfrac{dL(w)}{dw}$ となります．η（エータ）は学習率と呼ばれ，適当な値を試行錯誤で探すか，自動的に求める勾配降下法 (AdaGrad など) が考案されているのでそれらを用います．

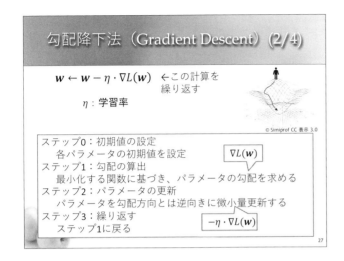

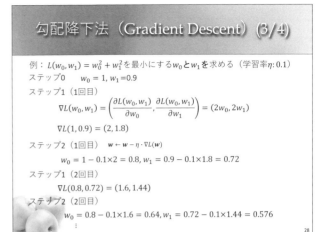

　勾配降下法の具体的なアルゴリズムはこのようになります．まず，各パラメータの初期値を設定します（ステップ 0）．

　次にパラメータの勾配 $\nabla L(\boldsymbol{w})$ を求めます（ステップ 1）．

　続いて，パラメータを勾配方向と逆向きに微小量更新します．$\boldsymbol{w} \leftarrow \boldsymbol{w} - \eta \cdot \nabla L(\boldsymbol{w})$（ステップ 2）

　あとはこれをステップ 1 に戻って繰り返します．

　勾配降下法の例になります．$L(w_0, w_1) = w_0{}^2 + w_1{}^2$ を最小にする w_0 と w_1 を求めます（学習率 η:0.1）．

　まず適当な初期値を設定します．$w_0 = 1, w_1 = 0.9$（ステップ 0）

　次に勾配を計算します．勾配は $(2w_0, 2w_1)$ となりますから，$\nabla L(1, 0.9) = (2, 1.8)$ となります（ステップ 1）

　次に更新をします．$w_0 = 1 - 0.1 \times 2 = 0.8, w_1 = 0.9 - 0.1 \times 1.8 = 0.72$（ステップ 2）

　あとはこれを繰り返します．

$$\nabla L(0.8, 0.72) = (1.6, 1.44)$$

$$w_0 = 0.8 - 0.1 \times 1.6 = 0.64$$

$$w_1 = 0.72 - 0.1 \times 1.44 = 0.576$$

最小値となる 0 地点に向かって進んでいることがわかります．

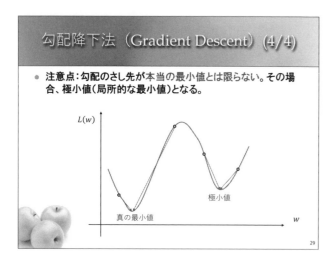

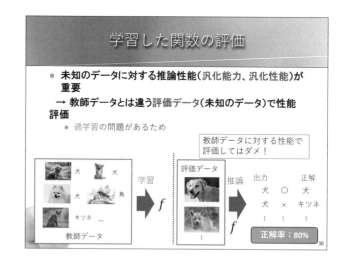

　勾配降下法はそのアルゴリズムの性質から，極小値が求まるようになっています．本当の最小値にならない可能性があることに注意が必要です．例えば，図のような1次元の空間に対して，このような関数の形になっているとき，初期値の場所によって，その勾配の指し先が本当の最小値とは限らず，最小値ではない極小値となることがあることがわかると思います．

　学習が終わったら，学習された関数を用いて未知のデータに対する性能評価を行います．未知のデータに対しても高い推論能力があることを汎化能力や汎化性能が高い，と言います．過学習の問題で説明したように，モデルが複雑になるとデータをまるごと記憶してしまうため，教師データにない未知のデータに対して性能が低くなる場合があります．従って，モデルの汎化能力を評価するために，教師データにない未知のデータを用いて性能評価を行うことが重要となります．

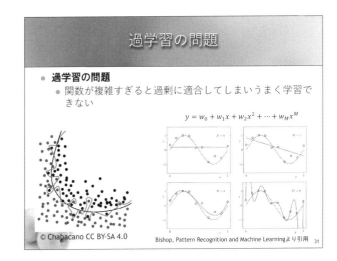

の歪な関数はよくみると，教師データ (図の○) をすべてきちんと通っていることがわかります．ただ，学習したいサインカーブの形にはまったくなっていないことがわかります．この状態が過学習と呼ばれる状態です．

過学習をしないために，モデルを複雑にしすぎないなどの工夫が必要ですが，MAP 推定や，Dropout など様々な汎化性能をあげる手法が考案されています．

最後に過学習について説明します．データが十分に大きくなくモデルが複雑になると，極端に教師データに特化した関数 (汎化能力が低いモデル) を学習してしまい，このことを過学習といいます．例えば，左の図のように赤い点と青い点を分離する境界面を学習することを考えます．理想的には黒線で書かれたような曲線 (境界面) を得たいのですが，モデルが複雑すぎるときっちりと教師データを分離することができてしまい緑色の線で表されるような境界面を学習することになります．教師データは誤差 0 できちんと分離できていますが，未知のデータをきちんと分離できるとは限りません．

右側の図はもっとわかりやすい具体例となっています．今，M 次多項式を学習することを考えて，$y = w_0 + w_1 x + w_2 x^2 + \cdots + w_M x^M$ とします．このとき，サインカーブから生成されたデータ (図の○) からサインカーブに近い M 次多項式を学習したいとします．図の緑色が正解のサインカーブで，赤色の線が学習された関数のグラフになります．モデルが簡単すぎると ($M = 0$ や $M = 1$)，単純な直線しか学習されませんが，モデルがある程度複雑になると ($M = 3$)，サインカーブに近い関数が学習できていることがわかります．これに対し，モデルをより複雑にすると ($M = 9$)，さらに良くなりそうな気がするのですが，逆にサインカーブから遠い歪な関数が得られていることがわかります．こ

まとめ

- **機械学習の基礎**
  - データから入力と出力をつなぐ関数を学習する手法
  - 問題の種類
    - 回帰問題、分類問題、構造予測
  - データ全体の損失を最小化することで重み変数(パラメータ)を学習
    - 回帰問題→二乗誤差
    - 分類問題→負対数尤度(交差エントロピー誤差)
  - 学習の方法
    - 損失の最小化
    - 損失の勾配を計算して勾配の逆方向に重みベクトルを更新
  - 過学習
    - 訓練データに過剰に適合してしまうこと

まとめです.

　今回は機械学習の基礎について勉強しました.機械学習とはデータから入力と出力をつなぐ関数を学習する手法のことです.機械学習が対象とする問題は,回帰問題,分類問題,構造予測がありました.これらの問題に対し,データ全体の損失を最小化することで重み変数(パラメータ)を学習します.回帰問題は二乗誤差,分類問題は負対数尤度の損失関数を用います.学習は損失を最小化することで行われますが,データ全体に対する損失の勾配を計算して勾配の逆方向に重みベクトルを更新することで損失の最小化を行います.訓練データに過剰に適合することは過学習と呼ばれます.性能評価をするときは,教師データと異なる未知のデータで評価することが重要です.

基礎情報科学

| 2024 年 3 月 30 日　　第 1 版　第 1 刷　発行 |
| 2025 年 3 月 30 日　　第 1 版　第 2 刷　発行 |

著　者　　王　　森　岭

甲　斐　　博

高　橋　　寛

二　宮　　崇

発　行　者　　発　田　和　子

発　行　所　　株式会社　学術図書出版社

〒113−0033　東京都文京区本郷 5 丁目 4 の 6
TEL 03−3811−0889　振替 00110−4−28454

印刷　中央印刷（株）

定価は表紙に表示してあります.

本書の一部または全部を無断で複写（コピー）・複製・転載することは，著作権法でみとめられた場合を除き，著作者および出版社の権利の侵害となります．あらかじめ，小社に許諾を求めて下さい．

© OU S., KAI H., TAKAHASHI H., NINOMIYA T. 2024

Printed in Japan

ISBN978−4−7806−1354−4　　C3004